गांधीवादी
काका कालेलकर

गांधीवादी
काका कालेलकर

प्रखर कुंदन

प्रभात
पेपरबैक्स
www.prabhatbooks.com

प्रकाशक

प्रभात पेपरबैक्स

4/19 आसफ अली रोड, नई दिल्ली–110002

फोन : 23289555 • 23289666 • 23289777 ❖ फैक्स : 23253233

इ–मेल : prabhatbooks@gmail.com ❖ वेब ठिकाना : www.prabhatbooks.com

संस्करण

प्रथम, 2017

मूल्य

एक सौ पच्चीस रुपए

अ.मा.पु.स. 978-93-86231-57-4

मुद्रक

आर–टेक ऑफसेट प्रिंटर्स, दिल्ली

★

Gandhivadi KAKA KALELKAR
by Prakhar Kundan

Published by **PRABHAT PAPERBACKS**
4/19 Asaf Ali Road, New Delhi-110002

ISBN 978-93-86231-57-4

₹125.00

महात्मा गांधी
के
बताए मार्ग पर
चल रहे भारतीयों को

लेखकीय

काका साहब कालेलकर न केवल एक उच्च कोटि के शिक्षाशास्त्री थे, बल्कि उच्च कोटि के पत्रकार व साहित्यकार भी थे। इसके अलावा उन्हें विशेष रूप से गांधीजी के साथी के रूप में अधिक जाना जाता है। सर्वप्रथम सन् 1915 में वे गांधीजी के संपर्क में आए, जब वे शांति निकेतन में कार्यरत थे और फिर एक तरह से उन्हीं के होकर रह गए।

गांधीजी के साथ सत्याग्रह की लड़ाई काका साहब ने कदम-से-कदम मिलाकर लड़ी। इस दौरान वे अनेक बार जेल गए, लेकिन हार नहीं मानी। वे स्वयं के लिए ही गांधीजी को महत्त्वपूर्ण नहीं मानते थे, बल्कि गांधीजी भी उन्हें अपने लिए महत्त्वपूर्ण मानते थे। यही कारण था कि गांधीजी किसी भी कार्य को करने से पहले उनकी सलाह अवश्य लेते थे।

काका साहब की कलम में वह धार थी, जिससे ब्रिटिश शासन कँपकँपा उठा। उन्होंने 'नवजीवन' पत्रिका के लिए अनेक ऐसे लेख लिखे, जिनमें अंग्रेजों के अत्याचारी शासन का खुलासा किया गया था। 'मुठभेड़' और 'अच्छे चाल-चलन' नामक उनके लेख प्रसिद्ध लेख हैं। यही नहीं, उन्होंने गांधीजी के साथ मिलकर नमक कानून भंग कर अपनी निर्भीकता का परिचय दिया।

काका साहब केवल महाराष्ट्र में ही नहीं, बल्कि संपूर्ण भारत में गांधीवादी नेता के रूप में जाने जाते हैं। प्रस्तुत पुस्तक 'गांधीवादी काका कालेलकर' में काका साहब के जीवन से जुड़ी अनेक महत्त्वपूर्ण व रोचक

घटनाओं एवं वृत्तांतों को बड़ी सरल व सहज भाषा में प्रस्तुत करने का प्रयास किया गया है। आशा है कि यह पुस्तक सभी वर्ग के पाठकों के लिए एक अच्छी मार्गदर्शक सिद्ध होगी।

—प्रखर कुंदन

अनुक्रम

जन्म एवं बाल्यावस्था

यह महाराष्ट्र की प्राचीन परंपरा रही है कि वहाँ लोगों के उपनाम अकसर उनके गाँव के नाम से ही संबंधित होते हैं। इसी कारण कालेली के राजाध्यक्ष को आरंभ में राजाध्यक्ष कालेलकर कहा जाता था। बाद में उन्हें कालेलकर के उपनाम से ही पहचाना जाने लगा।

कालेली में जीवाजी कालेलकर अपने परिवार के साथ प्रसन्नतापूर्वक जीवन व्यतीत कर रहे थे, लेकिन अचानक ही उन्हें यह गाँव छोड़ना पड़ा। इसका कारण थी अराजकता। दिन-प्रतिदिन बढ़ते चोर-डाकुओं के आतंक के कारण वे हलकर्णी नामक गाँव में आकर रहने लगे। आरंभ में उन्हें जीवनयापन करने में बड़ी कठिनाई का सामना करना पड़ा, लेकिन फिर उन्हें एक सेठ के यहाँ नौकरी मिल गई।

सेठ का स्वभाव बड़ा मृदुल था। जीवाजी भी बड़े स्वामिभक्त व्यक्ति थे। धीरे-धीरे दोनों के बीच बड़ा घनिष्ठ संबंध बन गया। जीवाजी को सेठ पर बहुत विश्वास था, इसीलिए उन्होंने अपनी कमाई का कुछ हिस्सा बचत के रूप में सेठ के पास जमा करना आरंभ कर दिया। एक दिन अचानक ही हृदयाघात के कारण सेठ की मृत्यु हो गई। परिणामस्वरूप जीवाजी की सारी बचत की धनराशि उनके हाथ से चली गई, जिससे उन्हें तंगहाली में दिन काटने पड़े। स्थिति ऐसी बन गई कि उनके पुत्र बालकृष्ण को अपनी पढ़ाई बीच में ही छोड़कर नौकरी की तलाश में इधर-उधर भटकना पड़ा।

जब हलकर्णी में जीवनयापन करना कठिन हुआ तो जीवाजी अपने

परिवार सहित शाहपुर नामक गाँव में आ गए, जहाँ रहते हुए बालकृष्ण ने स्वयं के प्रयास से अंग्रेजी लिखना-पढ़ना सीख लिया। कुछ समय बाद वे बीजापुर की कलादगी में फौजी विभाग में भरती हो गए। इस विभाग में वे तरक्की करते हुए अपने परिवार का भली-प्रकार भरण-पोषण करने लगे। अंत में वे इस विभाग में अकाउंटेंट के पद पर आसीन हुए।

1 दिसंबर, 1885 को बालकृष्णजी की पत्नी राधाबाई ने एक पुत्र को जन्म दिया, जिसका नाम दत्तात्रेय रखा गया। दत्तात्रेय कुल मिलाकर आठ भाई-बहन थे। घर में सभी प्यार से दत्तात्रेय को 'दत्तू' कहकर पुकारते थे। बाद में वे काका कालेलकर के नाम से प्रसिद्ध हुए।

चूँकि दत्तू सबसे छोटे थे, इसीलिए सभी उन्हें बहुत लाड़-प्यार करते थे। जब वे पाँच वर्ष के थे, उन्हें यह नहीं पता था कि दायाँ हाथ कौन सा है और बायाँ हाथ कौन सा। जब वे खाना खाते और उनके अन्य बहन-भाई उन्हें उलटे हाथ से खाना खाते देखते तो वे उन्हें चिढ़ाते। इससे वे झेंप जाते। इस संबंध में काका कालेलकर ने लिखा है—

"हमारा परिवार पुराने ढंग का था। फिर भी अन्य की देखा-देखी हमारे घर में अनेक विदेशी वस्तुएँ पैठ गई थीं। मेरे भाग्य में विदेशी जूते पहनना लिखा था। इन जूतों में भी दायाँ-बायाँ जैसी दो जातियाँ थीं, जो लाख प्रयास के बाद भी मेरी समझ में नहीं आती थीं। मुझे प्रतिदिन पिताजी से पूछना पड़ता कि इनमें दायाँ कौन सा है और बायाँ कौन सा? पिताजी ने कई बार मुझे जूते और पैर के आकार की समानता समझाने का प्रयास किया, लेकिन फिर भी वह किसी भी तरह मेरे दिमाग में नहीं बैठा। इसके बाद मैं जूते चाहे जैसे पहनने लगा और कुछ ही दिनों में मैंने जूतों को इतना निराकार बना दिया कि फिर पिताजी के लिए भी यह पहचानना मुश्किल हो गया कि कौन सा जूता दायाँ है और कौन सा बायाँ?"

इस घटना से पता चलता है कि बाल्यावस्था से दत्तू बड़े तेज दिमाग के थे। वे शरारती भी कम नहीं थे। उनके घर पर एक शिक्षक उनके बड़े भाइयों बाबा और अण्णा को पढ़ाने के लिए आते थे। उनका स्वभाव बड़ा उग्र था।

जैसे ही वे घर में प्रवेश करते, घर के सभी बच्चे बड़ी खामोशी से इधर-उधर छिप जाते थे। एक दिन दत्तू को शरारत सूझी कि मास्टरजी को चकमा दिया जाए। जब उन्होंने घर के मुख्य द्वार से प्रवेश किया तो दत्तू ने रेल की सीटी की आवाज में बोलना शुरू कर दिया। दत्तू की यह हरकत देख मास्टरजी क्रोध के मारे फुफकारने लगे। इससे पहले कि मास्टरजी उन्हें देखते, वे वहाँ से रफूचक्कर हो गए। तभी उन्होंने गोंदू को अपनी ओर आते देखा तो समझे कि इसी ने यह हरकत की होगी। जब उन्होंने उसे डाँटना-डपटना शुरू किया तो वह रोने लगा। बड़ी कठिनाई से उन्होंने उसे चुप कराया।

पाँच वर्ष की अवस्था में दत्तू का दाखिला स्कूल में करा दिया गया। वास्तव में उनके पारिवारिक सदस्य उन्हें अभी स्कूल भेजने के पक्ष में नहीं थे, पर जब दत्तू ने अपने अन्य भाइयों को स्कूल जाते देख स्कूल जाने की रट लगानी शुरू की तो फिर घरवालों को उनकी जिद माननी पड़ी।

स्कूल में चाँदवडकर नामक एक बड़े ही सख्त शिक्षक थे। वे जरा सी गलती पर भी छात्रों को नहीं बख्शते थे। एक दिन उन्होंने किसी बात पर दत्तू की छड़ी से पिटाई कर दी। छड़ी की मार से दत्तू के हाथ लाल हो गए थे। जब वे खाना खाने लगे तो उनसे खाना न खाया गया। उनकी भाभी ने उनसे कारण पूछा तो उन्होंने कुछ न बताया, लेकिन भाभी से बात छिपी न रह सकी। जल्द उन्हें दत्तू की पिटाई का पता चल गया। बाद में उनके भाई ने इस बात की पुलिस में शिकायत की, जिससे चाँदवडकर को स्कूल से हटा दिया गया और उनके स्थान पर अन्य मास्टरजी को नियुक्त किया गया। कक्षा के सभी बच्चे दत्तू के चेहरे को बहुत देर तक हैरानी से देखते रहे कि चलो, एक उग्र-स्वभावी मास्टर से छुटकारा मिला।

दत्तू की एक बड़ी बहन थी, जिसका नाम भागरथी था। घर के सभी सदस्य उन्हें 'अक्का' कहते थे। दत्तू ने अभी तक उन्हें नहीं देखा था, क्योंकि उनका विवाह हो चुका था और अपनी ससुराल में जाने के बाद से बहुत ही कम बार अपने माता-पिता के घर आई थीं। एक दिन जब वे अपने मायके आईं तो दत्तू ने जाना कि ये उनकी बड़ी बहन हैं।

उस समय दत्तू पहली कक्षा में पढ़ते थे। अक्का उन्हें तरह-तरह से अक्षर ज्ञान कराती थीं। इसके अलावा वे उन्हें पौराणिक कथाएँ भी सुनाती थीं। धीरे-धीरे अक्का दत्तू के लिए श्रद्धेय बन गई थीं। दत्तू का अधिकांश समय अक्का की अंगुली पकड़े-पकड़े बीतता था। यदि अक्का किसी कारणवश इधर-उधर चली जातीं तो दत्तू रोते-रोते उन्हें ढूँढ़ना शुरू कर देते। फिर एक समय ऐसा आया कि टायफाइड के कारण अक्का की मृत्यु हो गई। घर में मातम की स्थिति पैदा हो गई। जिधर भी नजर दौड़ाकर देखो, वहीं कोई-न-कोई रोता हुआ दिखाई देता। पिता बालकृष्ण ने दत्तू को गोद में उठाकर कहा कि अक्का हमें छोड़कर चली गई। दत्तू की समझ में कुछ नहीं आया कि पिताजी क्या कह रहे हैं। इस संबंध में काका कालेलकर ने लिखा है—

''अक्का के संबंध में मेरे संस्मरण इतने ही हैं कि बचपन में इन्हीं संस्मरणों का ध्यान करके मैं अपने मन में उनका पोषण करता आया हूँ। मनुष्य का अपनी माँ के साथ का संबंध असाधारण होता है। अपनी पत्नी के साथ का संबंध एकांतिक और अद्वितीय होता है। अपनी बेटी के साथ का संबंध भी ऐसा ही वैशिष्ट्यपूर्ण होता है, लेकिन जो संबंध सहज रूप से व्यापक बन सकता है, जिसमें संपूर्ण स्त्री जाति का अंतर्भाव किया जा सकता है, वह तो भाई-बहन का ही संबंध है। मैं बहुत छोटा था, तभी मेरी इकलौती बहन की मृत्यु हो गई। अत: जीवन का यह मेरा अंग पहले ही शून्यवत् सा हो गया।

''स्त्रियों की भक्ति मैं दूर से ही करता हूँ। भगिनी-प्रेम की भूख रह ही गई है। जीवन की व्यवस्था का और सर्वांग सुंदरता का आदर्श जैसे-जैसे परिपक्व होता गया, वैसे-वैसे इस विचार से मन हमेशा उदास रह गया कि काश! मेरी एक बहन होती तो कितना अच्छा होता। अपनी बहन न होने के कारण नई-नई बहनें बनाना मुझे नहीं आता। यह कोई मामूली कठिनाई नहीं है। मैं ऐसी अनेक बहनों को जानता हूँ, जो पूजनीय हैं। हृदय की भूख तो अक्का के संस्मरणों से ही बुझानी होगी।''

अक्का की मृत्यु से पूरे घर में मायूसी छा गई। दत्तू के लिए अक्का बहुत मायने रखती थीं, इसीलिए अक्का का हमेशा-हमेशा के लिए दूर चले जाना

दत्तू के लिए असहनीय था। दत्तू को रह-रहकर सारी बातें याद आतीं तो वे फूट-फूटकर रोने लगते।

दत्तू का अपनी माँ से बड़ा गहरा लगाव था और उनकी माँ भी उन्हें बहुत अधिक लाड़-प्यार करती थीं। माँ अकसर कहा करतीं कि दत्तू मेरा बेटा नहीं, बल्कि मेरी बेटी है। माँ अधिक पढ़ी-लिखी नहीं थीं, लेकिन फिर भी धार्मिक पुस्तकें तो पढ़ ही लेती थीं। वे धार्मिक स्वभाव की महिला थीं और सभी उत्सवों एवं त्योहारों को बड़े हर्षोल्लास से मनाती थीं। वे मंदिर में अधिक नहीं जाती थीं, लेकिन जब भी जातीं तो फिर पूरी तरह सज-धजकर जातीं। इस पर एक दिन दत्तू ने पूछा, "माँ, तुम मंदिर में इतना सज-धजकर क्यों जाती हो और साथ में चपरासी को भी क्यों ले जाती हो?"

दत्तू का सवाल सुनकर माँ हँसते हुए बोलीं, "बेटा, हम अच्छे मकान में रहते हैं और घर में नौकर भी हैं। यह सारा वैभव हमें भगवान् की कृपा से प्राप्त हुआ है। अत: जब भी मैं भगवान् के दर्शन के लिए मंदिर जाती हूँ तो सारा वैभव अपने साथ ले जाती हूँ और भगवान् से यह प्रार्थना करती हूँ कि हे भगवान्! तूने हमें समस्त वैभव दिया है। बस, तुझसे यही प्रार्थना है कि हमारे हाथों किसी का बुरा न हो। हमें सभी का आशीर्वाद प्राप्त हो और हम तुझे सदैव स्मरण रखें।"

माँ के इस उत्तर का दत्तू पर बहुत प्रभाव पड़ा। वे सोचने लगे कि मंदिर में अधिकतर लोग माँगने के लिए जाते हैं, लेकिन माँ नहीं जातीं, बल्कि वह तो भगवान् की कृपा को याद करने हेतु जाती हैं।

माँ धार्मिक प्रवृत्ति की महिला तो थीं, लेकिन धर्म के संबंध में भी उनके कुछ सिद्धांत थे। उनका मानना था कि घर में मिट्टी के तेल के दीये कभी न जलाए जाएँ, बल्कि तिल के तेल के दीये जलाए जाएँ। वे कहती थीं कि घर में खरीदा हुआ दूध इस्तेमाल नहीं करना चाहिए, बल्कि हमेशा घर की भैंस या गाय का दूध ही इस्तेमाल करना चाहिए। इसके अलावा वे कहती थीं कि यदि दोपहर के समय कोई भिखारी आ जाए तो उसे घर से भूखा या प्यासा वापस नहीं भेजना चाहिए। ये कुछ ऐसे सिद्धांत थे, जिनका

वे आजीवन अनुसरण करती रहीं।

केवल माँ के प्रति ही दत्तू का लगाव नहीं था। वे अपने पिता के प्रति भी आकर्षित थे। जब उनके बड़े भाई गोंदू को बीमारी ने जकड़ लिया तो उस समय पिता बालकृष्ण ने दत्तू की जिम्मेदारी अपने कंधों पर ली। वे ही दत्तू को नहलाते, क़पड़े पहनाते, खाना खिलाते और लोरियाँ सुनाते हुए उन्हें सुलाते।

पिता बालकृष्ण कुलदेवता की नित्य पूजा करते थे। इसके लिए उन्होंने घर में एक अलग कमरा भी बनाया हुआ था। शिवजी, गणेशजी और सूर्यदेव की मूर्तियाँ रखी हुई थीं और इन मूर्तियों के बीच उन्होंने लकड़ी के एक आसन पर एक नारियल भी रखा हुआ था। जब वे पूजा की तैयारी करते तो दत्तू उनकी सहायता करते। इस कार्य में उन्हें बड़ा आनंद मिलता था।

पूजाघर में विभिन्न देवी-देवताओं के बीच जो नारियल रखा जाता था, उसे प्रतिवर्ष श्रावण मास के प्रथम सोमवार को बदल दिया जाता था। इसके बाद दोनों नारियलों का एक साथ अभिषेक किया जाता था। अगले दिन पुराना नारियल तोड़ा जाता और उसके टुकड़ों को प्रसाद के रूप में सभी के बीच बाँटा जाता। यदि घर का कोई सदस्य बाहर होता था तो उसे डाक के माध्यम से यह प्रसाद भेजा जाता था। इस दिन सभी पूजा-पाठ के लिए एकत्र होते। पूजा शुरू होने से पहले एक कागज पर कुलदेवता के नाम एक चिट्‌ठी भी लिखी जाती, जिसमें वर्ष भर की स्थिति का वर्णन किया जाता अर्थात् अच्छी और बुरी दोनों प्रकार की स्थिति को भली प्रकार लिखा जाता। इस संबंध में काका कालेलकर ने लिखा है—

''मैंने आज तक यह प्रथा किसी अन्य कुटुंब में नहीं देखी। पिताजी की लिखी हुई ऐसी कई पुरानी चिट्ठियाँ मैंने अपनी पेटी में पड़ी हुई देखी थीं। उनमें से जितनी भी मिलीं, सभी एकत्र की गई थीं। बाद में जब मैं उग्र राजनीति में भाग लेने लगा, तब मेरे एक भतीजे ने मेरे बहुत से कागजात जला दिए और उनके साथ ही ये चिट्ठियाँ भी जल गईं। पिताजी की लिखी चिट्ठियाँ पढ़कर मेरे मन पर जो गहरी छाप पड़ी, वह यह थी कि हम अनाथ नहीं हैं। एक सर्व समर्थ सत्ता हमारी देखभाल करती है। उसकी इच्छा और

व्यवस्था को हम नहीं जानते। हमारे लिए क्या हितकर है और क्या हितकर नहीं है, यह भी हम नहीं जानते।

अपनी भावनाओं के अनुसार हम सुखी या दु:खी रहते हैं। जो घटना हमें घातक प्रहार के समान लगती है, वह अनिष्ट ही होगी—ऐसा मानने के लिए कोई कारण नहीं है।''

शिवजी के प्रति दत्तू के मन में बड़ी श्रद्धा थी। एक दिन उन्होंने कहा कि वे इस बार महाशिवरात्रि का व्रत रखेंगे। असल में वे समुद्र-मंथन के समय शिवजी के योगदान से बड़े प्रभावित थे, इसीलिए उन पर शिवजी का बड़ा जबरदस्त प्रभाव पड़ा था। इसके अलावा उन्होंने श्रीधरस्वामी द्वारा लिखी 'शिवलीलामृत' भी पढ़ी, जिसमें लिखा था कि शिवजी छोटे बच्चों की भक्ति से बहुत प्रसन्न होते हैं। बस, तभी दत्तू ने निश्चय कर लिया कि मैं शिवरात्रि का व्रत रखूँगा। जब माँ को इस बारे में पता चला तो बोलीं, ''बेटा, तू अभी बहुत छोटा है और फिर यह व्रत छोटे बच्चों के लिए नहीं है।''

''ऐसा क्यों? शिवजी तो छोटे बच्चों की भक्ति से बहुत प्रसन्न होते हैं। अत: इस बार मैं भी यह व्रत रखूँगा।'' दत्तू ने दृढ़तापूर्वक कहा।

माँ के लाख समझाने पर भी जब दत्तू नहीं माने तो पिता बालकृष्ण ने उन्हें समझाने का प्रयास किया, ''बेटा, यह ऐसा व्रत है कि एक बार लेने के बाद फिर तोड़ा नहीं जा सकता और न ही छोड़ा जा सकता है—बस, जीवन भर रखना ही पड़ता है। यदि इस व्रत के पालन में कोई चूक हो जाए तो शिवजी रुष्ट हो जाते हैं।''

पिताजी ने सोचा था कि शायद दत्तू उनकी बात का अभिप्राय समझ जाए, लेकिन दत्तू अपने संकल्प से जरा भी टस-से-मस नहीं हुए। अंत में पिता बोले, ''अच्छा, तो तू फलाहार के कारण ही शिवरात्रि का व्रत रखना चाहता है। यदि ऐसी बात है तो तू एकादशी का व्रत रख। वह आसान तो है ही, साथ ही पुण्यदायी भी है और यदि टूट जाए भी तो कोई हानिवाली बात नहीं है।''

''पिताजी, फलाहार जैसी कोई बात नहीं है।'' दत्तू ने पिता की ओर देखते हुए कहा।

लाख समझाने के बाद भी दत्तू ने जब अपनी रट नहीं छोड़ी तो पिता को क्रोध आ गया और उन्होंने उनकी पिटाई कर दी, लेकिन फिर भी दत्तू अपनी जिद पर अड़े रहे। इसके बाद वे चुपचाप पूजाघर में जा बैठे और अपने इष्टदेव की भक्ति में लीन हो गए।

शाम का समय हुआ तो माँ को दत्तू की याद आई, उन्होंने विचार किया कि आज दत्तू ने व्रत रखा है, लेकिन कुछ चीजें ऐसी भी हैं, जिन्हें व्रत के दौरान भी खाया जा सकता है। अत: वे कुछ ऐसी चीजें लेकर दत्तू के पास गईं, लेकिन दत्तू ने कुछ भी खाने से साफ इनकार कर दिया। सभी ने आग्रह किया, लेकिन दत्तू ने किसी की एक न सुनी। बस, उसी दिन से वे जीवन भर शिवरात्रि का व्रत रखते आए थे, लेकिन एक बार तिथि को लेकर कुछ गड़बड़ हो गई थी, जिसके बारे में उन्होंने लिखा है—

"...एक ही बार तिथि का स्मरण न रहने के कारण गड़बड़ हो गई थी, जिसका प्रायश्चित्त मैंने दूसरे दिन किया। फिर भी उस प्रमाद का दु:ख अभी तक बना हुआ है।"

दत्तू के पड़ोस में एक दरजी रहता था, जिसके नाना और हरि नामक दो बेटे थे। कभी-कभार वे दत्तू के साथ खेलते थे। पड़ोस के एक-दो और बच्चे थे, जिनके साथ दत्तू खेलते थे। बस, इसके अलावा वे और कहीं ज्यादा दूर खेलने नहीं जाते थे।

दत्तू कभी-कभार अपने परिवार के साथ शाहपुर चले जाया करते थे। शाहपुर के निकट बेलगुंदी नामक गाँव में उनके पिताजी ने थोड़ी सी जमीन खरीदी थी, जहाँ उनके मामा व मौसी रहते थे। इस गाँव के निकट एक छोटी सी नदी बहती थी। इस नदी का नाम 'मार्कंडी' था। जब भी वे यहाँ आते तो इसके तट पर काफी देर तक बैठे रहते और इसके आसपास के मनोहारी दृश्य का लुत्फ उठाते। उनके जीवन में मार्कंडी ने एक विशेष स्थान बना लिया था। काका कालेलकर ने लिखा है—

"इस तरह निर्दोष ही आनंद लूटने की कला मेरे हाथ लग गई। नदी के घाट, नदी के पुल, उसके पृष्ठभाग पर दौड़नेवाली नावें और धीमे चलते

जहाज—यह सब देखकर मनुष्य और प्रकृति का सख्य मन पर अच्छी तरह अंकित हो गया। आज भी पुल और नाव देखने का कौतूहल मेरे मन में कम नहीं हुआ है। इतने वर्षों से बाग के फूल और आकाश के तारे देखता आया हूँ, फिर भी उनकी ताजगी मेरे लिए कम नहीं हुई है। नदी में बाढ़ आती है, आकाश में तारे टूटने लगते हैं, भूकंप आता है, जंगलों में आग लगती है या धुआँधार वर्षा से चारों ओर पानी-ही-पानी हो जाता है तो उससे मेरी चित्तवृति दबती नहीं, बल्कि हर एक प्रसंग के साथ तदाकार होकर उसकी मस्ती का अनुभव करती है।''

सन् 1882 में तबादले के बाद बालकृष्ण कारवार आ गए। जब दत्तू ट्रेन से कारवार की यात्रा कर रहे थे तो उस दौरान उन्होंने प्रकृति की शोभा को बड़े करीब से देखा। केसरलोक के आसपास फैली प्रकृति की छटा देखकर वे अचंभित हो उठे। मार्ग में उन्होंने 'दूधसागर' जलप्रपात देखा, जिससे दूध के समान जल प्रवाहित हो रहा था। इस संबंध में काका कालेलकर ने लिखा है—

''काली नदी पूरी तरह सफेद हुई, क्या कभी किसी ने ऐसी कोई बात सुनी है? कारवार की ओर एक काली नदी बहती है, जो समुद्र में मिलने तक काली ही रहती है। पर गोवा की ओर एक काली नदी है, जो सागर से मिलने की आतुरता में पहाड़ की चोटी से ऐसे कूद पड़ती है कि उसका एक काव्यमय सफेद दूध जैसा प्रपात बन जाता है। उसी का नाम है—दूधसागर। जैसे किसी युवती ने स्नान के बाद सुखाने के लिए बाल फैला दिए हों, वैसे ही यह दूधसागर का दृश्य है।''

मार्ग में अनेक ऐसी चीजों से दत्तू रूबरू हुए थे, जो उन्होंने पहली बार देखी थीं। शाहपुर से कारवार तक की यात्रा उनके लिए आश्चर्यपूर्ण एवं सुखद रही थी। वे मीलों तक फैली प्राकृतिक छटा देखकर प्रफुल्लित हो रहे थे।

□

देशभक्ति एवं वैवाहिक जीवन

बालकृष्णजी को कारवार आए कोई ज्यादा समय नहीं हुआ था कि उनके सामने दत्तू की पढ़ाई की समस्या पैदा हो गई। दत्तू की शिक्षा के लिए वे जैसा माहौल चाहते थे, वैसा माहौल उन्हें कारवार में नहीं मिल पा रहा था। अत: उन्होंने फैसला किया कि वे दत्तू को पूना भेज देंगे, क्योंकि शिक्षा की दृष्टि से पूना उन दिनों एक अच्छा स्थान माना जाता था। दूसरी बात यह थी कि पूना में ही दत्तू के अन्य दो भाई बाबा और अण्णा भी पढ़ते थे।

पूना में शिक्षा का प्रबंध तो बहुत अच्छा था, लेकिन वहाँ बाबा और अण्णा के लिए खाने-पीने की समस्या थी। उस समय के रीति-रिवाज के अनुसार बहुत कम आयु में ही बच्चों का विवाह कर दिया जाता था। अत: बाबा और अण्णा दोनों का विवाह कर दिया गया था। बाबा का तो एक वासू नाम का छोटा बच्चा भी था। अत: बालकृष्ण जी ने अपने बच्चों की खाने-पीने की समस्या को दूर करने के उद्देश्य से सोचा कि क्यों न पूना में भी एक घर बना लिया जाए। इससे रहने-सहने व खाने-पीने की समस्याएँ दूर हो जाएँगी। इस तरह उन्होंने पूना में एक घर बनाया और वहाँ अपनी पत्नी राधाबाई को छोड़ दिया, जबकि स्वयं कारवार में ही रहने लगे।

पूना में 'नूतन मराठी विद्यालय' में दत्तू का दाखिला करा दिया गया, जहाँ उन्होंने मराठी की दूसरी कक्षा पूरी की। इस विद्यालय में दूसरी कक्षा पूरी करने के बाद वे कारवार लौट आए और फिर वहाँ से दूसरे साल शाहपुर आ गए। शाहपुर में वे माधवराव तिनइकर नामक एक शिक्षक के संपर्क में

आए। माधवराव ने उन्हें गणित से परिचित कराया। आरंभ में वे गणित से दूर भागते थे। उन्हें गणित पढ़ने में जरा भी रुचि नहीं थी, लेकिन माधवराव के संपर्क में आने से उनकी यह समस्या दूर हो गई।

शाहपुर के विद्यालय का माहौल बड़ा विचित्र था। वहाँ का नियम था कि शिक्षक किसी एक छात्र से कोई सवाल पूछता था और यदि वह छात्र जवाब नहीं दे पाता था तो फिर अन्य छात्र से वही सवाल पूछा जाता था। सही जवाब देने पर उस छात्र को पहलेवाले छात्र के आगे कर दिया जाता था, लेकिन आगे बढ़ने के लिए पहले उस छात्र को अपने पहलेवाले छात्र की नाक पकड़कर उसे तमाचे लगाने होते थे।

दत्तू के बड़े भाई गोंदू की तबीयत अकसर खराब रहती थी और इसीलिए वे पिछड़कर दत्तू की कक्षा में आ गए थे। एक दिन शिक्षक ने गोंदू से सवाल किया, लेकिन वे उसका जवाब न दे सके। अब बारी दत्तू की आई तो उन्होंने उस सवाल का जवाब दे दिया और फिर बड़े खुश होते हुए गोंदू से आगे बढ़ गए। तभी शिक्षक ने दत्तू से कहा, ''दत्तू, पहले तुम्हें गोंदू की नाक पकड़कर उसे तमाचे लगाने होंगे, तभी तुम आगे बढ़ सकते हो।''

''नहीं, मास्टरजी, मैं ऐसा नहीं कर सकता।'' दत्तू ने कहा।

''अच्छा, बड़े के लिए तो यह अधर्म की बात हो गई और गुरु की अवज्ञा क्या अधर्म नहीं है?'' शिक्षक तैश में आकर बोले।

दत्तू जब शिक्षक के जोर देने के बावजूद गोंदू की नाक पकड़कर उन्हें तमाचे न लगा सके तो इससे शिक्षक को क्रोध आ गया। उन्होंने क्रोधवश दत्तू को कई छड़ी जड़ दीं। इस घटना के बाद से दत्तू ने निश्चय कर लिया कि अब से वे विद्यालय देर से आएँगे। फिर भले ही उन्हें इसकी कोई भी सजा क्यों न झेलनी पड़े, लेकिन इससे किसी को न तो तमाचा मारने की स्थिति आएगी और न ही किसी से तमाचा खाने की।

कारवार के विद्यालय 'हिंदू स्कूल' का माहौल शाहपुर के विद्यालय से भिन्न था। इस विद्यालय में वे (दत्तू) हरि कामत नामक शिक्षक के संपर्क में आए। वे छात्रों से गहरा लगाव रखते थे। वे अंग्रेजी विषय के अच्छे शिक्षक

थे। उन्हीं की छत्रच्छाया में रहकर दत्तू ने अंग्रेजी का शुद्ध उच्चारण सीख लिया था। हरि कामत को झूठ बोलनेवालों से सख्त नफरत थी। उन्हें सत्य बोलनेवालों से विशेष लगाव था। प्रत्येक स्थिति में व्यक्ति को हमेशा सच बोलना चाहिए—यह बात दत्तू ने हरि कामत से ही सीखी थी। इस संबंध में काका कालेलकर ने लिखा है—

''मुझे एक भी ऐसा कोई प्रसंग याद नहीं आता कि हिंदू स्कूल में पढ़ते समय मैंने कभी झूठ बोला हो। हम झूठ का मोह छोड़कर अगर सच कह देते थे तो हरि कामत मास्टर शुरू-शुरू में हमें क्षमा कर देते, लेकिन आगे चलकर सच बोलने के लिए इतना भी लालच देना उन्हें उचित नहीं लगा। अत: कई बार सच बोलने पर भी हमारी पिटाई होती, पर झूठ बोलकर पिटाई से बच जाना आसान होते हुए भी झूठ बोलने में हीनता ही है। इसी विचार से सच बोलने का साहस हममें आ गया था।''

हरि कामत के अलावा दत्तू की वामन मंगेश नामक एक अन्य शिक्षक से भी घनिष्ठता बढ़ गई थी। वे हरि कामत के साथ मिलकर प्रत्येक रविवार को धार्मिक शिक्षा की कक्षा का संचालन करते थे, जिसमें हिंदू स्कूल के साथ-साथ सरकारी हाईस्कूल के छात्र भी सम्मिलित होते थे। अंग्रेजी भाषा पर भी वामन मंगेश की बहुत अच्छी पकड़ थी। उन्हीं के सहयोग से दत्तू ने अंग्रेजी की कई कविताएँ कंठस्थ कर ली थीं।

दत्तू को किसी भी तरह का जोर-जुल्म या अन्याय बिल्कुल भी पसंद नहीं था। जब भी कभी वे कोई अन्याय होता हुआ देखते तो तुरंत उसके खिलाफ खड़े हो जाते। एक बार एक लड़के की पुस्तक चोरी हो गई। उसने उसकी शिकायत शिक्षक से की। शिक्षक के आदेशानुसार सभी छात्रों की तलाशी ली जाने लगी। दत्तू से यह सब बरदाश्त नहीं हुआ। उन्होंने विचार किया कि जिसने चोरी की है, उसे ही पकड़ा जाना चाहिए। यों सभी को संदेह की दृष्टि से देखना उचित नहीं है, सभी को चोर समझना उचित नहीं है। जब दत्तू की तलाशी का नंबर आया तो दत्तू ने बड़ी निडरता से कहा, ''मास्टरजी, यदि आपको लगता है कि मैंने चोरी की है तो मैं अपनी तलाशी

दूँगा, अन्यथा बिल्कुल नहीं।''

दत्तू की बात सुनकर शिक्षक अवाक् रह गए और वे चुपचाप आगे बढ़ गए।

दत्तू जो भी विषय पढ़ते, उसे मन लगाकर पढ़ते थे। उनके मन में यह विचार कभी नहीं आया कि वे अच्छे नंबर प्राप्त करें या छात्रवृत्ति मिले। काका कालेलकर ने अपनी इस प्रवृत्ति के बारे में लिखा है—

''जब परीक्षा नजदीक आती, तब जिन विषयों में मुझे कोई रुचि नहीं होती थी, उन्हें मैं हाथ में ले लेता और उनमें रुचि लेकर जैसे-तैसे पास होता। रोम के इतिहास में मुझे कोई विशेष रुचि नहीं थी, लेकिन कॉलेज के पहले वर्ष में यह विषय था। पूरे वर्ष मैंने उसे छुआ तक नहीं था। जब परीक्षा निकट आई, तब सोचा कि वर्ष खराब करने में क्या लाभ है? चलो, इस विषय को भी पढ़ लें। प्रारंभ में लाचारी से किया, लेकिन पढ़ते-पढ़ते उसमें रस आने लगा। सारा इतिहास पढ़ डाला और पास हो गया। कुछ वर्षों बाद जब रोमन कानून पढ़ने लगा, उस समय रोमन इतिहास मुझे फिर से पढ़ना पड़ा। आज मैं यह मानता हूँ कि अगर मैंने रोमन इतिहास न पढ़ा होता तो मेरी पढ़ाई अधूरी रह जाती।''

दत्तू के घर का माहौल अंग्रेजियत में रचा-बसा हुआ था और इसका मुख्य कारण था उनके पिताजी बालकृष्ण। वे अंग्रेजी विभाग में नौकरी करते थे, इसीलिए उनके भीतर देशभक्ति की भावना का अभाव था। जब दत्तू ने छत्रपति शिवाजी की जीवनगाथा पढ़ी तो वे बहुत प्रभावित हुए। वे शिवाजी के जीवन से जुड़ी घटनाओं का वर्णन अपने भाइयों केशू और गोंदू के सामने करते। इस तरह तीनों भाइयों के भीतर देशभक्ति की भावना पैदा हो गई थी।

देशभक्ति का खुमार दत्तू के मन-मस्तिष्क पर इस कदर छा गया था कि वे केशू, गोंदू व अन्य बच्चों के साथ मिलकर देशभक्ति का नाटक खेलते। यह नाटक खेलते-खेलते कितना समय हो जाता, उन्हें पता ही नहीं चलता था।

अचानक ही पूना में प्लेग की बीमारी का प्रकोप हुआ। एक के बाद एक इस बीमारी के कारण लोग मृत्यु के मुँह में समाने लगे। उस समय इस

बीमारी का कोई उचित इलाज नहीं था, इसलिए इसने प्रलयकाल का रूप धारण कर लिया। चारों ओर हाहाकार मच गया। यह बीमारी ऐसी थी कि जो भी व्यक्ति किसी दूसरे बीमार व्यक्ति के संपर्क में आता, वह भी इसका शिकार हो जाता था।

लोग पहले से ही इस बीमारी के कारण दु:खी थे और ऊपर से जब अंग्रेजों ने भी उन पर अपने अत्याचारों का चप्पू चलाया तो वे त्राहि-त्राहि कर उठे। अंग्रेज सफाई के नाम पर लोगों के घरों में घुस जाते और सारा सामान घर के बाहर फेंक देते। उन्हें लोगों की भावनाओं से कोई सरोकार नहीं था। वे जरा भी ध्यान न देते कि यह देवी-देवताओं की मूर्ति है या कोई खाने-पीने का सामान। प्लेग की बीमारी ने लोगों को इतना परेशान नहीं किया, जितना अंग्रेजों के अत्याचारों ने। अंतत: 22 जून, 1897 को प्लेग निवारक समिति के दो बड़े अंग्रेज अधिकारियों—रैंड और आयर्स्ट—की हत्या कर दी गई। इन हत्याओं ने ब्रिटिश शासन को हिलाकर रख दिया।

जब इस घटना को अंजाम दिया गया, उस समय दत्तू की आयु लगभग 12 वर्ष थी। उन्होंने जब रैंड और आयर्स्ट की हत्याओं की चर्चा सुनी तो विचार किया कि हो-न-हो यह किसी देशभक्त का कार्य हो। सरकार के साथ-साथ लोगों का भी यही मानना था कि इस हत्याकांड के पीछे लोकमान्य तिलक का हाथ है। अत: एक साजिश के तहत, भले ही लोकमान्य तिलक के खिलाफ अंग्रेजों के पास कोई सबूत नहीं था, उन्हें गिरफ्तार कर लिया गया और कारावास की सजा दी गई।

एक दिन दत्तू ने अपने दोनों भाइयों केशू और गोंदू से कहा कि अंग्रेज सरकार के खिलाफ लड़ने का तरीका यह है कि शिवाजी की तरह गुप्त रीति को अमल में लाया जाए, तभी हमें सफलता मिल सकती है। यूँ भाषण देने से कोई लाभ होनेवाला नहीं। इस तरह तीनों भाइयों ने ठान लिया कि वे अंग्रेजों के खिलाफ गुप्त रीति से काम करेंगे।

उन दिनों उनके घर का निर्माण कार्य चल रहा था। जब नींव की खुदाई की जा रही थी तो उस समय नींव में से एक तलवार मिली, जिस पर जंग लगा

हुआ था। दत्तू ने जब यह तलवार हाथ में ली तो उन्हें लगा कि यह तलवार साक्षात् भवानी ने उन्हें दी है, जिस तरह उन्होंने शिवाजी महाराज को दी थी। इससे उनकी देशभक्ति की भावना और बढ़ गई। कई वर्षों तक उन्होंने इस तलवार को अपने पास रखा, लेकिन एक दिन उन्होंने इसके टुकड़े करवाकर इसकी छुरी बनवा लीं। कारण यह था कि वे क्रांतिकारी दल में शामिल हो गए थे और जब उन्होंने सुना कि अंग्रेज पुलिस उनके घर की तलाशी लेगी तो पिताजी पर कोई भी परेशानी न आए, इसीलिए उन्होंने ऐसा किया था। इस बारे में काका कालेलकर ने लिखा है—

"उस दिन न तो मुझे खाना-पीना ही अच्छा लगा और न ही नींद आई। हम पहले से ही नि:शस्त्र हो गए हैं, इस स्थिति में जो शस्त्र दैवयोग से हाथ में आया भी था, वह भी मुझे अपने हाथों तोड़ना पड़ा। यही बात मुझे बहुत अखरी।...हम कुछ अधर्म कर रहे हैं, ऐसा ही मुझे उस समय महसूस हुआ। इसकी बेचैनी मेरे दिल में मौजूद है। हालाँकि आज मैं मनुष्य की हत्या के लिए बनाए गए शस्त्र को पवित्र नहीं मानता।"

प्लेग का प्रकोप ऐसा हुआ कि इसकी चपेट में दत्तू के भाई विष्णु भी आ गए। बहुत उपचार कराया गया, लेकिन कोई लाभ नहीं हुआ और वे काल का ग्रास बन गए।

दत्तू अंग्रेजी की छठी कक्षा में आ गए थे। उस समय उनकी आयु लगभग 17 वर्ष थी, जब उनका विवाह कर दिया गया। उनके परिवार में यह प्रथा प्रचलित थी कि विवाह के बाद घर में बहू बनकर आनेवाली लड़की का नाम बदलकर कोई नया नाम रखा जाता था। दत्तू की पत्नी के साथ भी यही हुआ। दत्तू का वास्तविक नाम दत्तात्रेय था। अत: उनकी पत्नी का नाम 'सुंदर' से बदलकर 'लक्ष्मी' रखा गया।

गृहस्थाश्रम में प्रवेश करते समय ब्रह्मचर्याश्रम की समाप्ति की एक विधि होती है, जो महाराष्ट्र में 'सोड मूँज' के नाम से जानी जाती है। यह विधि विवाह से एक-दो दिन पहले होती है। इस दिन लड़का एक छोटी धोती पहनता है, दूसरी धोती ओढ़ता है, तीसरी धोती अपने सिर पर लपेटता है और

फिर अपने कंधे पर एक अँगोछे में चावल बाँधकर घर से बाहर निकलता है। फिर वहाँ लड़की के माता-पिता आते हैं और लड़के की पाद्यपूजा करते हैं। इसके बाद लड़का घर लौट आता है।

पिता बालकृष्ण और माता राधाबाई के साथ दत्तू व उनकी पत्नी लक्ष्मी जमखंडी आ गए। यहाँ दत्तू और लक्ष्मी को एक-दूसरे को समझने का अच्छा अवसर मिला। उन्होंने साथ-साथ अनेक स्थानों का भ्रमण किया और छोटे-छोटे कामों में एक-दूसरे का हाथ बँटाया। उनके वैवाहिक जीवन की शुरुआत बहुत अच्छी हुई थी।

□

उच्च शिक्षा की ओर

दत्तू का विवाह हो चुका था, लेकिन उनकी पढ़ाई में कोई व्यवधान पैदा नहीं हुआ। उन्होंने मैट्रिक की परीक्षा अच्छे अंकों से उत्तीर्ण की। उस समय यूनिवर्सिटी स्कूल में फाइनल नामक एक और परीक्षा लेने का प्रावधान था। इस परीक्षा का विद्यार्थियों के बीच बड़ा महत्त्व था। इस परीक्षा में दत्तू भी बैठे और उन्होंने इसे बड़े अच्छे अंकों से उत्तीर्ण की। यह उनके लिए बड़े गर्व की बात थी, क्योंकि उनके पहले घर का कोई अन्य लड़का यह परीक्षा पहले ही वर्ष में उत्तीर्ण नहीं कर सका था। उनके माता-पिता उनकी इस सफलता पर फूले नहीं समा रहे थे।

अब दत्तू आगे की पढ़ाई के लिए पूना जाना चाहते थे, लेकिन उनके पिता उन्हें किसी भी हालत में पूना भेजने के लिए तैयार नहीं थे। पिताजी ने दत्तू के सभी भाइयों को शिक्षा ग्रहण करने के लिए पूना भेजा था, लेकिन अण्णा को छोड़कर कोई भी उनकी उम्मीदों पर खरा नहीं उतर सका था। इस बात से वे बहुत पछता रहे थे। उन्हें सबसे अधिक दु:ख तो तब हुआ, जब उनके बड़े लड़के बाबा ने लगातार फेल (अनुत्तीर्ण) होने के बाद नास्तिकता अपना ली। अत: इन सब बातों को देखते हुए वे दत्तू को पूना भेजने के लिए राजी नहीं थे।

एक दिन साहस जुटाकर दत्तू अपने पिता के सामने गए और उनसे पूना जाने की बात कही। इतना सुनते ही पिताजी भड़क उठे, ''नहीं, तुम पूना बिल्कुल नहीं जाओगे।''

अंततः तमाम तर्क-वितर्क के बाद पिताजी दत्तू को पूना भेजने के लिए तैयार हो गए। अब दत्तू की खुशी का कोई ठिकाना नहीं था। वे प्रसन्न मन से पूना जाने की तैयारी में जुट गए।

उन दिनों पूना के 'डेक्कन कॉलेज' की देश भर में बड़ी ख्याति थी। अधिकतर छात्रों की कोशिश रहती थी कि उन्हें इस कॉलेज में पढ़ने का मौका मिल जाए। दत्तू की भी यही हार्दिक इच्छा थी कि उन्हें डेक्कन कॉलेज में प्रवेश मिल जाए, लेकिन उन्हें इस कॉलेज में प्रवेश न मिल सका और उन्हें फर्ग्यूसन कॉलेज में प्रवेश लेना पड़ा। काका कालेलकर ने अपने दिल की बात कुछ इस प्रकार व्यक्त की है—

"कभी-कभी यह सोचता हूँ कि मेरे पिताजी फौजी विभाग में नौकरी करते थे। वे अगर वहीं रहते और मुल्की विभाग में न आते तो मेरे जीवन-प्रवाह को क्या दिशा मिलती? संभवतः फौजी वायुमंडल में फौजी कॅरिअर की ही इच्छा हो जाती। वैसे ही कभी-कभी सोचता हूँ कि अगर डेक्कन कॉलेज में प्रवेश मिल जाता तो मेरा जीवन-प्रवाह किस दिशा में बहने लगता? संभवतः मैं सरकारी नौकरी में ही लग जाता और पिताजी तो सरकारी नौकरी में थे ही। अब बड़े भाई भी लग गए थे। शायद मैं भी उसी दिशा में जाता। मेरे जीवन-प्रवाह को भी एक दूसरी दिशा मिल सकती थी। विद्या के प्रति मुझमें गहरी रुचि थी। डेक्कन कॉलेज में मेरी इस रुचि को और मेरी विद्याव्यासंगी वृत्ति को काफी पोषण मिलता और संभवतः मैं एक विद्वान् के रूप में आगे आता और खूब प्रतिष्ठा भी पाता।"

फर्ग्यूसन कॉलेज में दत्तू ने देखा कि वहाँ लोकमान्य तिलक की बड़ी ख्याति है। कॉलेज ही क्या, बल्कि पूरे महाराष्ट्र में तिलक अत्यंत लोकप्रिय थे। जब से उन्होंने तिलक का 'केसरी' पत्र पढ़ना आरंभ किया था, वे उनके प्रशंसक बन गए थे। तिलक के क्रांतिकारी विचारों ने उन्हें बहुत प्रभावित किया था। अब उनके मन में लोकमान्य तिलक से मिलने की इच्छा प्रबल होने लगी थी। वे तिलक की क्रांतिकारी विचारधारा के कायल हो गए थे, लेकिन उनकी समझ में एक बात नहीं आती थी कि अंग्रेजों के सामने तो

तिलक शेर की भाँति डट जाते हैं, लेकिन जब बात रूढ़िवादियों की आती है तो वे खामोश से क्यों हो जाते हैं। इस विषय में वे सोच-विचार कर ही रहे थे कि इसी दौरान उन्हें कारवार के शिक्षक वामन मंगेश का एक पत्र मिला, जिसमें लिखा था—

"सुनने में आया है कि पढ़ाई के लिए तुम पूना चले गए हो। पढ़ाई के लिए इससे बढ़िया जगह देश में और कहीं नहीं है। फिर अब एक बात का ध्यान रखना कि पूना का माहौल पूरी तरह राजनैतिक है। वहाँ कई पक्ष हैं। हर पक्ष के समर्थक तुम्हें अपने पक्ष में खींचने की कोशिश करेंगे।

मैं इतना ही कहना चाहूँगा कि पढ़ाई के दरम्यान किसी भी पक्ष में मत पड़ना। तुम्हारी आयु को देखते हुए मुझे यह डर है कि तुम जोशीले पक्षों की ओर खींचे जा सकते हो। अत: मैंने यह चेतावनी दी है। यदि जाना ही हो तो पूरी तरह विचार करके ही जाना और फिर पढ़ाई के बाद ही जाना।"

दत्तू यह बात अच्छी तरह जानते थे कि वामन मंगेश उनके शुभचिंतकों में से एक हैं और यह भी अच्छी तरह जानते थे कि वे नरम दल के लोगों से प्रभावित हैं। यह कारण था कि इस पत्र का उन पर कोई विशेष प्रभाव नहीं हुआ, क्योंकि उन पर तो लोकमान्य तिलक की क्रांतिकारी विचारधारा का खुमार छाया हुआ था। फिर भी उन्होंने फैसला किया कि वे किसी भी पक्ष की ओर उन्मुख नहीं होंगे और सभी के साथ समान बरताव से पेश आएँगे।

दत्तू पूना आए तो थे इंजीनियर बनने के लिए, पर बाद में उन्होंने फैसला किया कि वे बी.ए. कर वकालत करेंगे। अपने इस फैसले से उन्होंने अपने पिताजी को भी अवगत करा दिया। पिताजी ने प्रत्युत्तर में इतना ही कहा कि जैसी तुम्हारी मरजी। उन्हें इस बात का संतोष था कि दत्तू अब तक किसी भी कक्षा में अनुत्तीर्ण नहीं हुए थे। उन्होंने दत्तू से एक बात कही थी कि यदि तुम्हें स्कॉलरशिप मिल जाए तो कुछ आर्थिक बोझ कम हो। बाद में दत्तू को छह महीने के लिए स्कॉलरशिप मिली। छह महीने के बाद होनेवाली परीक्षा में नहीं बैठने के कारण वह स्कॉलरशिप बंद हो गई और फिर वह किसी अन्य छात्र को मिली।

पिता बालकृष्ण का विचार था कि उनके प्रिय पुत्र दत्तू उच्च शिक्षा प्राप्त कर कोई बड़ी सरकारी नौकरी करेंगे, जबकि दत्तू की सोच इसके बिल्कुल विपरीत थी। उनके मन में सरकारी नौकरी को लेकर कोई उत्साह नहीं था। एक दिन उनके बड़े भाई उनसे बोले, ''दत्तू! मैं सरकारी महकमे में नौकरी करता हूँ। मेरी वहाँ अच्छी बातचीत है। यदि तुम चाहो तो मैं तुम्हें भी सरकारी महकमे में नौकरी दिलवा सकता हूँ।''

भाई की इतनी बात सुनकर दत्तू भड़क उठे और गुस्से में उन्होंने अपने भाई को बहुत भला-बुरा कहा। उन्होंने घर के सभी सदस्यों को सरकारी नौकरी न करने की अपनी इच्छा से अवगत करा दिया।

उस समय देश की राजनीति में गोपालकृष्ण गोखले और बालगंगाधर तिलक का वर्चस्व था। जहाँ गोखले को 'राजमान्य' के नाम से तो तिलक को 'लोकमान्य' के नाम से जाना जाता था। दत्तू का झुकाव तिलक की ओर था। जब वे शाहपुर में अध्ययनरत थे, तभी तिलक की ओर उन्मुख हो गए थे। बाद में जब फर्ग्यूसन कॉलेज में आए और वहाँ गोखले की ख्याति सुनी तो वे उनसे भी प्रभावित हुए बिना न रह सके।

गोखले का सरकार एवं आम लोगों के बीच अच्छा दबदबा था और वे विधान परिषद् के सदस्य भी थे। जब कभी गोखले विधान परिषद् में भाषण देते तो सभी लोग—चाहे वे अंग्रेज अधिकारी ही क्यों न हों—उनकी हर बात को बड़े ध्यान से सुनते थे। गोखले के कांग्रेस के बनारस अधिवेशन में दिए गए भाषण को दत्तू ने अनगिनत बार पढ़ा था। अब उनकी उत्कट इच्छा थी कि किसी प्रकार गोखले से मुलाकात की जाए।

एक दिन गोखले फर्ग्यूसन कॉलेज में आए। कॉलेज में अन्य दिनों की अपेक्षा भारी भीड़ थी। इस दिन दत्तू की खुशी का कोई पारावार न था। उन्हें यही विश्वास नहीं हो रहा था कि इतनी शीघ्र उन्हें गोखले के दर्शन होंगे। गोखले ने उपस्थित जन समूह को संबोधित करते हुए देश की राजनीतिक एवं आर्थिक स्थिति पर भाषण दिया। उनके प्रत्येक शब्द में इतना ओजस्व था कि कोई भी मंत्रमुग्ध हुए बिना न रह सका। सभी ने जोरदार तालियों की

गड़गड़ाहट से उनका समर्थन किया। दत्तू भी उनमें से एक थे।

फर्ग्युसन कॉलेज के प्रिंसिपल पद पर रैंगलर परांजपे आसीन थे। वे छात्रों को गणित पढ़ाते थे। वे छात्रों को उस ढंग से पढ़ाते थे कि दोबारा किसी छात्र को कुछ भी पूछने की आवश्यकता नहीं होती थी। दत्तू का प्रिय विषय भी गणित ही था। उन्हें केवल अपने पाठ्यक्रम में ही बल्कि पाठ्यक्रम से बाहर के गणित में भी विशेष रुचि थी। कभी-कभी जब उन्हें किसी सवाल को हल करने में मुश्किल होती थी तो वे सीधे परांजपे के घर पहुँच जाते थे। उनकी गणित-भक्ति से परांजपे बहुत प्रभावित थे।

परांजपे का व्यवहार वैसे तो सभी छात्रों के साथ मित्रवत् था, लेकिन दत्तू से उन्हें विशेष लगाव हो गया था। जब दत्तू उनके पास जाते थे तो दत्तू को बुद्धिवाद के विषय में भी बताते थे। दत्तू को तो पहले से ही नई-नई बातें जानने की तीव्र इच्छा रहती थी और जब परांजपे उन्हें कुछ नया बताते थे तो उन्हें बड़ी प्रसन्नता होती थी। यह परांजपे का ही विशेष प्रभाव था कि उनकी प्रेरणा से दत्तू ने चार्ल्स ब्रैडलाँ, हार्बर्ट स्पेंसर और जॉन स्टुअर्ट मिल आदि की रचनाएँ पढ़ ली थीं।

परांजपे की संगत का परिणाम यह हुआ कि दत्तू पर बुद्धिवाद का भूत सवार हो गया। उनका ईश्वर में दृढ विश्वास था, लेकिन बुद्धिवाद के संपर्क में आते ही उनका ईश्वरीय विश्वास खतरे में पड़ गया। अब उनको यह विश्वास हो चला था कि ईश्वरीय प्रार्थना बुद्धिहीनता की निशानी है। अब स्थिति ऐसी बन पड़ी कि उन्होंने धर्मग्रंथों को मानने से साफ इनकार कर दिया और चोटी व जनेऊ का भी त्याग कर दिया। प्रत्येक वस्तु को बुद्धि से जोड़कर देखना उनकी आदत बन गई। उनका यह विश्वास बन गया कि बुद्धि ही वह एकमात्र साधन है, जिसके माध्यम से सत्य की गहराई तक पहुँचा जा सकता है, उसे प्राप्त किया जा सकता है।

दत्तू की मनोस्थिति ऐसी बन गई थी कि बुद्धिवाद मानो उनका सर्वप्रिय विषय बन गया था। इस विषय पर बातें करना उन्हें सबसे अच्छा लगता था। कुछ ही समय में इस विषय पर उन्होंने भाषण देना भी आरंभ कर दिया

था। वे अब खुले में वेद-शास्त्रों का बायकॉट करने लगे थे। लगभग दो वर्ष तक वे बुद्धिवाद के फेर में पड़े रहे। अंततः उन्होंने महसूस किया कि ईश्वर को पहचानने की शक्ति हमारी बुद्धि में नहीं है। उन्हें लगभग दो वर्ष तक बुद्धिवाद से जूझना पड़ा और इस दौरान वे ईश्वर के अस्तित्व को ही नकारते रहे, लेकिन बाद में उन्होंने स्वीकार किया कि ईश्वर है और वही समस्त सृष्टि का कर्ता-धर्ता है।

इस तरह फर्ग्युसन कॉलेज में आने के बाद दत्तू को अनेक बातों का दिलचस्प अनुभव हुआ। वे ऐसे अनेक लोगों के संपर्क में आए, जिन्होंने उनकी विचारधारा का विकास किया।

□

विवेकानंद के प्रभाव में

भारत में ही नहीं, बल्कि विदेश में भी विवेकानंद एक जाना-पहचाना नाम बन गया था। वे जहाँ भी जाते, वहीं लोगों की भीड़ उमड़ पड़ती। उनके प्रत्येक शब्द में वह जादू होता था कि लोग जड़वत् होकर उन्हें बड़े ध्यान से सुनते थे। उनके व्यक्तित्व में चुंबकीय आकर्षण था, जिससे लोग स्वत: ही खिंचे चले आते थे।

शिकागो के विश्व-धर्म सम्मेलन में विवेकानंद ने जिस अंदाज में लोगों को भारतीय सभ्यता एवं संस्कृति से परिचित कराया था, उससे हर कोई 'वाह-वाह' कर उठा था। अन्य की भाँति दत्तात्रेय के घर भी विवेकानंद की खूब चर्चा होती थी। विवेकानंद की चर्चा से घर का वातावरण ऐसा बन जाता था कि हर कोई उत्साहित हो जाता था। जब घर में यह चर्चा होती कि दुनिया के सभी प्रचलित धर्मों में यदि कोई विश्व-धर्म बनने योग्य है तो वह हिंदू धर्म है तो दत्तात्रेय का चेहरा खिल उठता था। उन्हें तब आश्चर्य होता था, जब वे यह चर्चा सुनते कि अनेक ईसाई हिंदू बनकर विवेकानंद के शिष्य बन गए हैं।

अमेरिका से भारत लौटने के बाद विवेकानंद का जो भव्य स्वागत किया गया था, उसकी अनेक पत्र-पत्रिकाओं में बड़ी चर्चा हो रही थी। दत्तात्रेय का परिवार तो इस प्रकार खुशी बना रहा था, जैसे उन्होंने ही विश्व-विजय का परचम लहराया हो। इस सबका दत्तात्रेय पर बड़ा सकारात्मक प्रभाव पड़ा।

विवेकानंद ही वह पहले संन्यासी व्यक्ति थे, जिन्होंने विश्व को आध्यात्मिकता के साथ-साथ देशभक्ति का पाठ पढ़ाया था। उन्होंने ही सबसे

पहले आध्यात्मिकता और देशभक्ति के समन्वय को विश्व के सामने बड़े प्रभावशाली ढंग से प्रस्तुत किया था। यही कारण था कि लोकमान्य तिलक ने विवेकानंद को 'देशभक्त संत' कहकर संबोधित किया था। दत्तात्रेय का भी यही विचार था कि विवेकानंद ही सच्चे 'देशभक्त संत' हैं।

दत्तात्रेय ने हिंदू धर्म को जानने-समझने के लिए विवेकानंद के आख्यानों-व्याख्यानों को खँगालना शुरू किया। उन्होंने देखा कि हिंदू धर्म केवल स्मृतियों में समाया हुआ धर्म नहीं, बल्कि श्रुतियों का धर्म है। ईश-भक्ति, सदाचार, निर्भयता, तेजस्विता और उदारता आदि उच्च गुणों का समन्वय ही हिंदू धर्म है और यही इसकी सबसे बड़ी विशेषता है।

विवेकानंद के व्यक्तित्व से दत्तात्रेय ने जो बात सीखी थी, वह यह थी कि केवल मनुष्य में ही आत्मबलिदान करने की सामर्थ्य है। मनुष्य के पास वह बल है, जिसकी सहायता से वह कठिन-से-कठिन काम को अंजाम दे सकता है। विवेकानंद की प्रेरणा से ही दत्तात्रेय आत्माभिमुख हुए। उन्होंने जाना कि अंतरात्मा ही वह एक विशाल आवृत्ति है, जो ईश्वर के मिलन का माध्यम बनती है।

विवेकानंद के व्यक्तित्व से दत्तात्रेय इतने प्रभावित थे कि उन्होंने उनकी लगभग सभी रचनाएँ पढ़ डालीं। कर्मयोग, भक्तियोग, राजयोग और ज्ञानयोग का तो उन्हें कई बार अध्ययन किया। इसके अलावा उन्होंने उनके निजी पत्रों को भी पढ़ा। वे विवेकानंद के भक्त बन गए थे। वे अधिकांश समय यही सोचते रहते कि काश! विवेकानंद जीवित होते तो वे उनसे मिलते और अपना संपूर्ण जीवन उनके चरणों में अर्पित कर देते।

यह विवेकानंद का ही विशिष्ट प्रभाव था कि दत्तात्रेय ने उपनिषदों का अध्ययन किया। भारतीय सभ्यता एवं संस्कृति को विश्व में विवेकानंद ने जो विशिष्ट पहचान दिलाई थी, उससे दत्तात्रेय मोहित थे। दत्तात्रेय का मन आध्यात्मिकता के रंग में पूरी तरह रच-बस गया था। इस संबंध में काका कालेलकर ने लिखा है—

"मैंने कॉलेज में ध्यानावस्था में जाने की आदत डाली थी। मैं हॉस्टल

के कमरा नं. 23 में रहता था और एम्यूनल कांट का अध्ययन करता था। एक दिन ध्यानावस्था में वस्तु का शुद्ध रूप कैसा हो सकता है, यह आजमा रहा था। कांट ने वस्तु के शुद्ध स्वरूप को 'देटबेस! थिंग इन इटसेल्फ' कहा है। मैंने उसे 'तत्ता' कहा। दिक्काल आदि आयामों को बाद कर, गुणों का छेद उड़ाकर, कार्य-कारणता को भूलकर केवल वस्तु का अनुभव करें तो वस्तु की शुद्ध 'तत्ता' कैसी होगी, इसे समझकर उसे छूना चाहता था।

केवल कल्पना से मुझे संतोष न था। काफी समय तक तो दिमाग में शास्त्रीय दलीलें चलती रहीं। फिर वस्तु को कुछ अंशों तक छील सका अर्थात् उसका आवरण हटा सका। जैसे-जैसे आगे बढ़ा, शरीर पर भी उसका प्रभाव होने लगा। पहले तो बाहरी प्रकाश का अहं (भान) नष्ट हुआ और फिर जिस मेज पर मैं बैठा था, वह बेभान हो गया। मैं कहाँ हूँ? मेरे आसपास क्या है? क्या समय हुआ है? अब तक क्या करता था। अब क्या करना है? सब कुछ लुप्त हो गया। बस मैं हूँ—इतनी ही चेतना शेष रही। गहरे कुएँ की थाह नाप लेने की कोशिश करें, इस इरादे से कुएँ में डुबकी मारें, आँखें खुली रखकर, हाथ मारकर गहरे पानी में नीचे उतरते जाएँ, तभी ऊपर का सूर्यप्रकाश कम होने के बाद जो एक प्रकार की घबराहट महसूस होती है, उसी प्रकार कुछ गंभीर अनुभव मुझे हुआ।

किसी अपूर्व दैवी पुरुष के सान्निध्य में हम यकायक पहुँचे हों, ऐसा कुछ प्रतीत होने लगा। अब इस स्थिति में रहूँ या न रहूँ, तय नहीं कर पाया। बस, तब तक उसी स्थिति में कुछ समय तक रहा। इसके बाद लगा कि इस अनुभव के मध्य बिंदु की ओर जाना चाहिए। कुछ अनिश्चय के बाद सुई में जिस तरह धागा पिरोया जाता है उसी तरह मैं अंदर जाने लगा। एक बार तो लगा कि अब एक क्षण की देर है, उसके बाद मैं मध्य बिंदु तक पहुँच जाऊँगा। उस क्षण का आरंभ भी हुआ। हृदय में असाधारण आनंद की उर्मियाँ उठीं। इतने में न जाने क्या हुआ कि कटहल की गुठली हाथ में पकड़कर रखने की कोशिश करें, तिस पर भी जिस तरह सटककर छूट जाती है, उसी तरह सब सटक गया। क्या हुआ, कुछ भी समझ में नहीं आया?

थोड़ी देर के बाद मैं अपने कमरे में अकेला हूँ और मेज पर बैठा हूँ, इस तरह का भान हुआ। इससे मुझे बड़ा आश्चर्य हुआ। उस दिन स्पष्ट रूप से यह ध्यान में आया कि हम जो जीते हैं, उतना ही जीवन नहीं है। जीवन का वह मुख्य भाग है, ऐसी भी कोई बात नहीं है। वह तो जीवन का केवल क्षणिक पृष्ठभाग है। विशाल जीवन बहुत गहरा है। यह बात ध्यान में आते ही मेरी वृत्ति में हमेशा के लिए अंतर पड़ा। मैं 'परमार्थी' बना। जीवन में इसके बाद कई मानसिक क्रांतियाँ हुईं और प्रमाद आड़े आए। फिर भी वह परमार्थिकता कभी भी नहीं छूट सकी।''

माता-पिता के बाद विवेकानंद का दत्तात्रेय के जीवन पर व्यापक प्रभाव पड़ा था। धर्म की वास्तविक व्याख्या का ज्ञान दत्तात्रेय को विवेकानंद से ही हुआ था। आध्यात्मिकता से परिचय भी दत्तात्रेय को विवेकानंद के जीवन से ही हुआ था।

एक समय ऐसा भी आया था कि दत्तात्रेय नास्तिक बन गए थे और ईश्वर के अस्तित्व को पूरी तरह से नकारने लगे थे। उनमें अचानक आए इस तरह के परिवर्तन ने घरवालों को परेशान कर दिया था। उन पर हावी हो चुके बुद्धिवाद ने घरवालों को भयभीत कर दिया था। हजार युक्ति के बावजूद वे दत्तात्रेय पर से नास्तिकता का भूत उतारने में असफल रहे थे, लेकिन जैसे ही दत्तात्रेय विवेकानंद के संपर्क में आए अर्थात् उन्होंने विवेकानंद की कृतियों का अध्ययन किया तो फिर से उनकी जीवनदशा बदल गई। विवेकानंद का उन पर ऐसा प्रभाव पड़ा कि वे धर्म, विशेषकर हिंदू धर्म का गूढ़ अर्थ समझने में जुट गए।

□

स्वदेशी की भावना और सावरकर

फर्ग्युसन कॉलेज में आने के बाद दत्तात्रेय के जीवन में अनेक बदलाव आए थे। उन्हें इस कॉलेज में अध्ययन करते हुए दो वर्ष का समय बीत चुका था। इसी बीच उनके जीवन में एक नया मोड़ आया। उनके भीतर देश के लिए कुछ कर गुजरने की भावना हिलोरें लेने लगी। उनके भीतर 'स्वदेशी' की भावना का जन्म हो चुका था। वे क्रांतिकारी गतिविधियों की ओर उन्मुख होने लगे थे।

सन् 1905 में वायसराय लॉर्ड कर्जन ने अचानक ही बंगाल के विभाजन की घोषणा कर दी। इससे देश भर में विरोध-प्रदर्शन किए जाने लगे। जगह-जगह आंदोलन होने लगे। लोकमान्य तिलक जैसे क्रांतिकारियों ने नवयुवकों को संबोधित करते हुए कहा कि वे अपनी तमाम महत्त्वाकांक्षाओं का परित्याग कर अपना संपूर्ण जीवन देशसेवा के लिए अर्पित कर दें। उनका इतना आह्वान करना था कि लोग अपना सर्वस्व त्याग कर सड़कों पर उतर आए।

ऐसे में दत्तात्रेय भी कहाँ पीछे रहनेवाले थे। लोगों में इस तरह त्याग एवं बलिदान की भावना देखकर वे भी उद्वेलित उठे। अंग्रेजों के अत्याचार देखकर उनका भी खून खौलने लगा। उन्होंने प्रतिज्ञा की कि वे किसी भी हालत में सरकारी नौकरी नहीं करेंगे। इस बारे में उन्होंने लिखा है—

"अब मैं अपना कोई कॅरिअर नहीं बनाऊँगा। हो सकता है कि मेरे अनजाने में कोई कॅरिअर मेरे आसपास अपना जाल बुन ले, लेकिन जब उसके बारे में मैं सचेत हो जाऊँगा, तब यह जाल मैं अपने हाथों से तोड़ डालूँगा।

इसके बाद मैं अपना संपूर्ण जीवन तरह-तरह के अनुसंधानों और प्रयोगों में ही बिताऊँगा।''

पूना में विनायक दामोदर सावरकर का एक गुप्त क्रांतिकारी दल कार्यरत था। दत्तात्रेय का झुकाव इस दल के प्रति था। सावरकर और दत्तात्रेय दोनों के विचारों में बहुत समानता थी और दोनों ही लोकमान्य तिलक को अपना गुरु मानते थे। जब पूना में विदेशी वस्तुओं का बहिष्कार किया गया और सावरकर ने विदेशी वस्तुओं की होली जलाई तो दत्तात्रेय ने भी इस कार्यक्रम में भाग लिया।

दत्तात्रेय ने अपने मित्र जीवतराम के साथ मिलकर विदेशी वस्तुओं का खुलकर बहिष्कार किया। उन्होंने घर-घर जाकर लोगों को स्वदेशी के प्रति जागरूक किया। वे जहाँ भी लोगों को सिगरेट या शराब पीते देखते तो तुरंत छीनकर फेंक देते और उन्हें इनके अवगुणों के बारे में सचेत करते। लोगों में उनका इतना भय पैदा हो गया था कि किसी की भी उनके सामने इतनी हिम्मत नहीं होती थी कि वह सिगरेट पीए या विदेशी टोपी पहनकर चले।

शिक्षा के साथ-साथ दत्तात्रेय क्रांतिकारी गतिविधियों में भी भाग लेने लगे थे। वे क्रांतिकारियों की सभाओं में जाते, उनके भाषणों-व्याख्यानों को बड़े ध्यान से सुनते। इन भाषणों को सुनकर वे उत्तेजित हो उठते और उनका मन अंग्रेजों के खिलाफ खुला विद्रोह करने को आतुर हो उठता।

सन् 1907 में यह खबर देश भर में आग की तरह फैल गई कि लाला लाजपतराय और सरदार अजीत सिंह को गिरफ्तार कर कोई मुकदमा चलाए बिना ही उन्हें छह वर्ष तक के लिए देश-निकाला दे दिया गया। यह ब्रिटिश सरकार की सरासर नाइंसाफी थी। लोगों में इस बात को लेकर बहुत आक्रोश था कि बिना किसी अपराध के, बिना किसी मुकदमे के किसी को देश-निकाले की सजा कैसे दी जा सकती है।

उस समय लोकमान्य तिलक स्वास्थ्य-लाभ के लिए सिंहगढ़ गए हुए थे, लेकिन जैसे ही उन्हें पता चला कि लाला लाजपतराय को देश-निकाला दे दिया गया है तो वे तुरंत पूना लौट आए। उसी दिन उन्होंने एक सभा बुलाई

और ब्रिटिश सरकार के बढ़ते अत्याचारों पर निशाना साधते हुए एक जोरदार भाषण दिया। इस सभा में दत्तात्रेय ने भी भाग लिया था। तिलक के ओजस्वी भाषण को सुनकर दत्तात्रेय का रोम-रोम प्रज्वलित हो उठा। बाद में उन्होंने अपने साथियों से कहा कि ब्रिटिश सरकार के अत्याचार दिन-प्रतिदिन बढ़ते जा रहे हैं, इसीलिए उसे मुँहतोड़ जवाब देने हेतु हमें अपना क्रांति का कार्य और तेज कर देना चाहिए। इस दिन अनेक मुद्दों को लेकर उन्होंने सावरकर के साथ बहुत देर तक बातचीत की।

एक दिन दत्तात्रेय ने फैसला किया कि वे छह वर्षों तक चीनी का बिल्कुल सेवन नहीं करेंगे और उन्होंने अपनी प्रतिज्ञा का भलीभाँति पालन किया। एक बार जब वे डॉक्टर के पास दवाई लेने के लिए गए तो डॉक्टर ने दवाई कड़वी होने की वजह से उसमें चीनी मिला दी, लेकिन दत्तात्रेय से यह बरदाश्त नहीं हुआ और उन्होंने उस दवा को फेंक दिया। ऐसे अनेक वाकये उनके साथ पेश आए, जब उन्होंने चीनी का खुला विरोध किया। यह स्वदेशी की ही भावना थी, जो उन्हें यह करने के लिए प्रेरित कर रही थी।

सावरकर जो क्रांतिकारी दल चलाते थे, उसका नाम 'रामहरि' था। दत्तात्रेय ने विचार किया कि क्यों न सावरकर के दल में शामिल होकर देशसेवा की जाए। किसी भी युवक को अपने दल में शामिल करने से पहले सावरकर उसकी परीक्षा लेते थे। दत्तात्रेय के साथ भी यही हुआ। रात के समय अपने दो साथियों के साथ वे सावरकर के निवास स्थान की ओर चल पड़े। मार्ग में उन्हें तीन हट्टे-कट्टे आदमी आते दिखाई दिए, जिन्होंने अपने मुँह पर कपड़ा लगाया हुआ था। उन्हें देखते ही एक साथी बोला, "हे भगवान्! ऐसा लगता है, जैसे आज चोरों से पाला पड़ गया है। चलो, यहाँ से भागने में ही भलाई है।"

"नहीं, कोई कहीं नहीं जाएगा।" दत्तात्रेय ने दृढता से कहा, "हम इनका सामना करेंगे।"

निकट आते ही उन अज्ञात लोगों ने दत्तात्रेय व उनके साथियों पर हमला बोल दिया। दत्तात्रेय ने उनसे पूछा, "अरे, हमारे साथ क्यों लड़ाई करते हो?

हमारी तुमसे क्या दुश्मनी है?''

समझाने-बुझाने के बाद भी वे लोग न माने। अतः दत्तात्रेय ने कमर कस ली और उनमें से एक आदमी को पकड़ लिया। जब दत्तात्रेय व उनके साथी कुछ सख्त हुए तो फिर वे लोग वहाँ से भाग खड़े हुए। बाद में दत्तात्रेय को पता चला कि वे चोर नहीं, बल्कि उनके ही दल के साथी थे। इस तरह परीक्षा में खरा उतरने के बाद दत्तात्रेय सावरकर के दल में शामिल हो गए।

दल में शामिल होने के बाद दत्तात्रेय को एक बात बहुत खटकी और वह थी दल में गुप्तता का अभाव। दत्तात्रेय का मानना था कि यह एक क्रांतिकारी दल है और इसकी किसी भी प्रकार की गतिविधि का पता सरकार तो क्या, घर के किसी भी सदस्य को भी नहीं होना चाहिए। और भी कुछ ऐसी बातें थीं, जिनसे दत्तात्रेय को निराशा हुई। अतः उन्होंने दल से अलग होने का फैसला कर लिया, लेकिन इससे पहले उन्होंने सावरकर से मुलाकात की और उन्हें अपने मन की बात से अवगत कराते हुए कहा—

''मुझे यकीन नहीं है कि आपका दल क्रांति के किसी कार्य को अंजाम दे सकेगा। हाँ, एक-दो हत्याएँ करने में यह सफल हो सकता है, लेकिन उसके बाद पूरा दल छिन्न-भिन्न हो जाएगा। आपकी वास्तविक पूँजी जाज्वल्य देशाभिमान, त्याग और मारने-मरने की तैयारी है। इसमें कोई भेद नहीं कि ये बहुत बड़े सद्‌गुण हैं और इन सद्‌गुणों के अभाव में कोई भी कार्य सफल नहीं हो सकता, फिर भी क्रांति के लिए इतनी पूँजी का होना पर्याप्त नहीं है।

''अंग्रेजों की तैयारी कितनी और किस प्रकार की है—इस सबका हमें भली-भाँति ज्ञान होना चाहिए। भले ही अंग्रेजों का मुकाबला करने के लिए हमारी तैयारी उन जैसी न हो, लेकिन हमारी पद्धति की सफलता के लिए जिस कौशल की आवश्यकता है, वह है परस्पर सहयोग की भावना और उसी चीज का मुझे यहाँ अभाव दिखाई देता है। यही कारण है कि मैं आपके साथ कार्य नहीं कर सकता। मैं दल से हटना चाहता हूँ, लेकिन हटने से पहले मैं आपको वचन देता हूँ कि मैंने दल में प्रवेश पाते ही गुप्तता की शपथ ली थी, उसका जीवन भर पूरी सत्यता से पालन करूँगा और कभी धोखा नहीं दूँगा।''

इतना कहने के बाद दत्तात्रेय ने सावरकर के दल से किनारा कर लिया, लेकिन इसका अर्थ यह नहीं था कि उन्होंने क्रांति से किनारा कर लिया था। वे पूरी तन्मयता से क्रांतिकारी गतिविधियों से फिर भी जुड़े रहे। उन पर क्रांतिकारी कार्यों का खुमार इस कदर था कि जब वे बंबई बी.ए. की अंतिम वर्ष की परीक्षा देने के लिए गए तो उन्होंने परीक्षा के पेपर तीन घंटों के बजाय दो घंटों में किए और शेष समय विपिनचंद्र पाल के व्याख्यानों से सुसज्जित पुस्तक 'नया राजनैतिक तेज' को बेचने में लगाया। वे इस पुस्तक से इतने प्रभावित थे कि उन्होंने इसकी एक प्रति मँगवाई थी और परीक्षा के दौरान ही समस्त प्रतियाँ बेच दी थीं।

इसी दौरान मुजफ्फरपुर बमकांड की घटना घटी। इसमें अरविंद कुमार घोष और वारींद्र कुमार घोष का नाम आया। अतः अरविंद घोष को गिरफ्तार कर लिया गया। जब उनके बचाव के लिए पैसे एकत्र करने की बात आई तो दत्तात्रेय आगे आए। उन्होंने विपिनचंद्र पाल की पुस्तक बेचकर जो अतिरिक्त पैसा कमाया था, उसे अरविंद घोष के बचाव के लिए दे दिया।

दत्तात्रेय ने अरविंद घोष के लेखों को पढ़ा था और उनसे वे प्रभावित भी हुए थे। अरविंद घोष के लेखों में शिक्षा के महत्त्व के बारे में अधिक लिखा होता था। अतः दत्तात्रेय ने विचार किया कि देश के उत्थान के लिए शिक्षा की बड़ी महत्ता है। बस, उन्होंने निश्चय कर लिया कि अब वे अपना संपूर्ण जीवन राष्ट्रीय शिक्षा के लिए समर्पित कर देंगे।

□

गंगाधर राव देशपांडे के संपर्क में

राष्ट्रीय शिक्षा को लेकर दत्तात्रेय गंभीर हो उठे थे। इसके संदर्भ में उनका नजरिया था—पहला, अध्यापन का तो दूसरा, पत्रकारिता का—लेकिन इन दोनों में किसे अपनाया जाए, इसके लिए वे लोकमान्य तिलक के पास गए। तिलक ने उन्हें बताया कि दोनों ही तरीके बेहतर हैं, जो चाहो अपना लो। इस पर दत्तात्रेय बोले, ''अध्यापन कार्य में मेरी रुचि है। जब मैं दूसरी कक्षा में पढ़ता था, तभी से मैं अपने साथी विद्यार्थियों को पढ़ाता आया हूँ। अत: अध्यापन का मुझे अनुभव है, लेकिन पत्रकारिता का मुझे कोई अनुभव नहीं। क्या आप मुझे अपने 'केसरी' या 'मराठा' अखबारों में से किसी भी अखबार में काम देकर मुझे पत्रकारिता की शिक्षा देंगे?''

''क्यों नहीं, अवश्य।'' तिलक ने कहा।

इसके बाद तिलक ने एक पत्र लिखा और उसे दत्तात्रेय को देकर उन्हें 'मराठा' के संपादक मंडल के प्रमुख नरसिंह चिंतामणि केलकरजी के पास भेज दिया। इस तरह दत्तात्रेय वहाँ पत्रकारिता की बारीकियाँ सीखने लगे। अभी उन्हें एक महीना हुआ था यहाँ कार्य करते हुए कि माता की खराब तबीयत की खबर पाते ही घर लौट आए।

लोकमान्य तिलक ने जो पत्र चिंतामण केलकर के नाम लिखा था, उसमें उन्होंने दत्तात्रेय को दत्तोपंत कालेलकर के नाम से संबोधित किया। अत: अब वह लोगों के बीच दत्तोपंत के नाम से ही पहचाने जाने लगे।

दत्तोपंत कुछ दिनों की छुट्टी लेकर घर लौटे थे। उन्होंने सोचा था कि

हफ्ता-दस दिन माँ के पास रहेंगे और उनके स्वस्थ होते ही फिर 'मराठा' के कार्यालय पहुँच जाएँगे, लेकिन ऐसा न हो सका। डॉक्टर ने बताया कि उनकी माँ क्षयरोग से पीड़ित हैं और उन्हें स्वस्थ होने में समय लगेगा। यह सुनकर उन्होंने फैसला किया कि अब वे घर पर ही रहकर माँ की देखभाल करेंगे, इसलिए उन्होंने 'मराठा' से त्यागपत्र दे दिया।

उस समय लोकमान्य तिलक का दायाँ हाथ समझे जानेवाले गंगाधरराव देशपांडे राष्ट्रसेवा के प्रचार-प्रसार में लगे हुए थे। वे इस कार्य को गोविंदराव थालगी के साथ मिलकर अंजाम दे रहे थे।

एक दिन दत्तोपंत का सामना गंगाधरराव से हो गया। जब उनके बीच बातचीत हुई तो गंगाधरराव दत्तोपंत से बहुत प्रभावित हुए। गंगाधरराव ने उनसे पूछा, "फिलहाल क्या करते हो?"

"अभी तो माँ की सेवा में लगा हुआ हूँ, लेकिन राष्ट्र के लिए कुछ करने की इच्छा है।" दत्तोपंत ने कहा।

उन दिनों कुछ नौजवानों ने बेलगाँव में 'गणेश विद्यालय' नामक एक विद्यालय शुरू किया था और उन्हें एक प्रधानाध्यापक की आवश्यकता थी। जब गंगाधरराव ने दत्तोपंत के सामने विद्यालय का प्रधानाध्यापक बनने का प्रस्ताव रखा तो दत्तोपंत ने यह प्रस्ताव सहर्ष स्वीकार कर लिया। इसके लिए उनका वेतन आठ रुपए प्रतिमाह निर्धारित किया गया।

जब दत्तोपंत 'गणेश विद्यालय' में अध्यापन कार्य कर रहे थे, उसी दौरान उनका परिचय नागेशराव गुणाजी नामक व्यक्ति से हुआ। हालाँकि वे इससे पहले भी नागेशराव को तब देख चुके थे, जब नागेशराव उनके बड़े भाई से मिलने आते थे। नागेशराव बेलगाँव में वकालत किया करते थे, लेकिन अब उन्होंने वकालत छोड़ दी थी। उनका रुझान साहित्य की ओर हो गया था, इसीलिए उन्होंने फैसला किया था कि अब अपना शेष जीवन साहित्य-सेवा में लगाएँगे। थोड़े ही समय में नागेशराव और दत्तोपंत के बीच मित्रता हो गई।

एक दिन दत्तोपंत ने नागेशराव से कहा कि क्यों न एक ऐसी संस्था बनाई जाए, जिसके माध्यम से युगपुरुष विवेकानंद के विचारों का प्रचार-प्रसार किया

जाए। नागेशराव ने उनके इस विचार से सहमति जताई। इस तरह बेलगाँव में 'नव वेदांती समाज' नामक संस्था की स्थापना की गई।

एक बार दत्तोपंत के हाथों स्वामी रामतीर्थ की पुस्तक लगी। उन्होंने पुस्तक को पढ़ा, जिससे वे बहुत प्रभावित हुए। उन्होंने यह पुस्तक पढ़ने के लिए नागेशराव को दी। उन्हें भी यह पुस्तक बहुत अच्छी लगी। अंत में दोनों ने फैसला किया कि स्वामी रामतीर्थ की पुस्तकों का मराठी अनुवाद भी होना चाहिए। बस, फिर क्या था, उन्होंने मिलकर स्वामी रामतीर्थ की पुस्तकों का मराठी अनुवाद करना शुरू कर दिया।

दत्तोपंत के पिता को साहित्य में कोई खास रुचि नहीं थी, इसीलिए उन्हें पुस्तकें पढ़ने का भी कोई खास शौक नहीं था। दिन भर की इधर-उधर की भाग-दौड़ के बाद दत्तोपंत के पास पढ़ने के लिए रात का ही समय बचता था, इसीलिए वे हर रोज कोई-न-कोई नई पुस्तक पढ़ते थे। एक दिन रात के समय उन्होंने मराठी के प्रसिद्ध उपन्यासकार हरि नारायण आपटे का उपन्यास 'उषाकाल' पढ़ा। वे जब जोर-जोर से यह उपन्यास पढ़ रहे थे तो उनके पिता भी सुन रहे थे। उपन्यास की समाप्ति के बाद पिताजी बोले, "दत्तू, मुझे उपन्यास वगैरह पढ़ने में कोई खास रुचि नहीं थी, लेकिन आज यह उपन्यास सुना तो मेरे मन में उपन्यास पढ़ने की रुचि पैदा हो गई। तू एक काम कर, मुझे भी पढ़ने के लिए उपन्यास लाकर दे दिया कर।"

इसके बाद तो दत्तोपंत अपने पिताजी को समाचार-पत्र भी पढ़कर सुनाने लगे। जब वे पिताजी को अंग्रेजों के अत्याचार की घटनाएँ पढ़कर सुनाते तो उनका हृदय चीत्कार कर उठता। वे दु:खी मन से बड़बड़ाने लगते, "इन अत्याचारियों को सबक सिखाना चाहिए। इनका प्रतिकार किया जाना चाहिए।"

दत्तोपंत की देशभक्ति से गंगाधरराव बहुत प्रभावित थे। दत्तोपंत ने गंगाधरराव की नजरों में एक खास मुकाम बना लिया था। वे जब भी कार्यक्रम आयोजित करते तो दत्तोपंत को अवश्य ही बुलाते और उन्हें वहाँ भाषण देने के लिए कहते। ऐसे ही एक भाषण में दत्तोपंत ने लोगों को संबोधित करते

हुए कहा कि जब विवेकानंद ने अमरीका जाकर वहाँ वेदांत का बम फेंका, तब कहीं जाकर भारत जागरूक हुआ। जब बारी सभा के अध्यक्ष महोदय गंगाधरराव की आई तो उन्होंने कहा कि आजकल पुलिसवाले बम को यहाँ-वहाँ ढूँढ़ते फिरते हैं। हमारा असली बम कैसा है, यह आप सभी को दत्तोपंत ने बता ही दिया। गंगाधरराव का बम शब्द का प्रयोग करना था कि वहाँ उपस्थित लोगों को लगा कि उन्हें अब तो बम बनानेवाला युवक मिल गया। इस बात की इतनी अधिक चर्चा हुई कि क्रांतिकारी जहाँ दत्तोपंत की ओर आकृष्ट हुए तो वहीं पुलिसवालों ने उनकी निगरानी रखना शुरू कर दिया।

जब दत्तोपंत के श्वसुर को इस घटना के बारे में पता चला तो वे चिंतित हो उठे। उन्हें डर था कि कहीं पुलिस दत्तोपंत को गिरफ्तार कर उन्हें किसी भी प्रकार के झूठे मामले में न फँसा दे, लेकिन उनकी दत्तोपंत को कुछ भी कहने की हिम्मत न हुई। सभी दत्तोपंत के कड़क मिजाज से परिचित थे, इसीलिए कोई भी उन्हें कुछ भी कहने की हिम्मत नहीं कर पाता था। अत: उन्होंने खामोश रहना ही बेहतर समझा।

पाँच महीने से भी अधिक हो गए थे, लेकिन दत्तोपंत की माता की तबीयत में कोई सुधार नहीं आया था। उनका शरीर बहुत कमजोर हो गया था। दत्तोपंत ने अपनी चिंता डॉक्टर को बताई तो डॉक्टर ने कहा, "मैं तुम्हें और अधिक दिनों तक का दिलासा नहीं दे सकता।"

डॉक्टर की बात का मतलब दत्तोपंत तुरंत समझ गए थे। वे जान गए थे कि अब उनकी माँ अधिक दिनों तक जीवित न रह सकेंगी। अंतत: बीमारी के चलते वे 18 जून, 1908 को वे स्वर्ग सिधार गईं।

माँ की मृत्यु से दत्तोपंत को गहरा आघात लगा। बेलगाँव में दत्तोपंत केवल अपनी माता के कारण ही रुके हुए थे, लेकिन अब वहाँ उनका मन नहीं लग रहा था। अत: उन्होंने 'गणेश विद्यालय' छोड़कर जाने का फैसला किया। उन्होंने सोचा कि क्यों न एल.एल.बी. कर लिया जाए, इससे उनके पिता को भी खुशी होगी। बस, यही विचार कर वे बंबई की ओर चल दिए।

बंबई में दत्तोपंत गिरगाँव नामक मोहल्ले में एक कमरा किराए पर लेकर

रहने लगे। जिस घर में वे रहते थे, उसके सामने ही प्रार्थना-समाज था। वे अभी प्रार्थना-समाज से जुड़े ही थे कि उन्हें लोकमान्य तिलक की गिरफ्तारी का समाचार मिला। तिलक की गिरफ्तारी से पूरे देश का वातावरण गरम हो गया। जब तिलक पर बंबई हाईकोर्ट में मुकदमा चलाया गया तो उस समय अदालत पूरी तरह से खचाखच भरी हुई थी। मुकदमे की पैरवी तिलक ने स्वयं ही की थी। अपने बचाव का भाषण तिलक ने लगातार छह दिनों तक दिया। इस दौरान दत्तोपंत भी अदालत में उपस्थित रहे।

22 जुलाई, 1908 को जज दावर ने लोकमान्य तिलक को छह वर्ष कारावास की सजा सुनाई। जब जज ने यह सजा सुनाई तो दत्तोपंत का खून खौल उठा। बड़ी कठिनाई से उन्होंने स्वयं पर नियंत्रण किया। तभी लोकमान्य तिलक गंभीर आवाज में बोले—

''मुझे लगता है कि मैं निर्दोष हूँ। दुनिया में इस न्यायालय से भी अधिक उच्च (श्रेष्ठ) शक्तियाँ काम करती हैं, जो लोगों का और राष्ट्रों का भाग्य निर्धारित करती हैं। मैं जिस कार्य का प्रतिनिधित्व करता हूँ, वह मेरे स्वतंत्र रहने के बजाय मेरे कारावास के कष्टों से अधिक फले-फूले, शायद यही नियति की इच्छा है।''

बहुत देर तक लोकमान्य तिलक के ये शब्द दत्तोपंत के कानों में गूँजते रहे। उन्हें अपने कानों पर जरा भी विश्वास नहीं हो रहा था कि लोकमान्य तिलक को छह वर्ष की कारावास की सजा सुनाई थी, लेकिन यही सत्य था।

□

राष्ट्रवादी पत्र 'राष्ट्रमत'

लोकमान्य तिलक की गिरफ्तारी से देश भर में माहौल गरम था। लोगों की नजरों में यह अत्याचार ही नहीं, बल्कि यह अन्याय भी था। अपनी गिरफ्तारी से पहले ही तिलक राष्ट्रवादी दैनिक-पत्र 'राष्ट्रमत' की स्थापना कर चुके थे, जिसका पहला अंक उनकी गिरफ्तारी के पाँच दिन बाद 29 जून, 1908 को प्रकाशित हुआ। इसकी लोकप्रियता का आलम यह था कि माँग के अनुसार इसकी प्रतियाँ नहीं निकल पा रही थीं। परिणाम यह हुआ कि लोकप्रियता के शिखर पर पहुँचने के बावजूद 'राष्ट्रमत' की स्थिति डाँवाँडोल हो गई।

जेल में एक-दो बार गंगाधरराव ने लोकमान्य तिलक से मुलाकात की थी। उस समय तिलक ने गंगाधरराव से चिंता व्यक्त करते हुए कहा था, ''मैंने 'राष्ट्रमत' की शुरुआत तो कर दी है, लेकिन उस पर ध्यान लगाना मेरे लिए संभव नहीं। मेरी इच्छा है कि यह प्रयोग असफल न हो। यदि आप 'राष्ट्रमत' की ओर ध्यान देंगे तो मुझे बड़ी प्रसन्नता होगी। मैं चाहता हूँ कि आप उसे अपनी ही प्रवृत्ति मानें।''

गंगाधरराव ने यह बात अपने मित्र गणपतराव मोडक से कही तो गणपतराव बोले, ''मैं यह नहीं समझ पा रहा हूँ कि आप इस मामले में किस प्रकार सहयोग कर सकते हैं। 'राष्ट्रमत' को नेशनल पब्लिशिंग कंपनी लिमिटेड की ओर से चलाया जाता है। इस कंपनी के अपने शेयर होल्डर हैं।''

गंगाधरराव ने इस मामले में गहराई से विचार किया और इस निष्कर्ष पर

पहुँचे कि 'राष्ट्रमत' के मामले में रुचि लेना एक प्रकार से अनधिकार चेष्टा होगी, इसलिए वे इसमें कोई हस्तक्षेप नहीं करेंगे।

लोकमान्य तिलक को सजा सुनानेवाले जज दावर के प्रति लोगों की कड़ी नाराजगी थी। क्रांतिकारियों में दावर की हत्या करने के लिए योजनाएँ बनाई जा रही थीं। गंगाधरराव इस योजना के केंद्र में थे, लेकिन फिर यह तय हुआ कि जब तक लोकमान्य तिलक जेल से बाहर नहीं आते, तब तक इस तरह की योजना को त्याग देना चाहिए। गंगाधरराव ने अपने साथियों से यह भी कहा कि अभी हमें अपनी गतिविधियों को निष्क्रिय कर देना चाहिए, जिससे ब्रिटिश सरकार को यह विश्वास हो जाए कि हमने क्रांति-कार्यों से किनारा कर लिया है। ऐसा करने के पीछे उनका मानना था कि हो सकता है इससे सरकार लोकमान्य तिलक को पहले ही मुक्त कर दे।

दूसरी ओर 'राष्ट्रमत' की स्थिति ऐसी बन गई कि उसे बंद करने की नौबत आ गई। एक दिन गणपतराव मोडक ने गंगाधरराव को पत्र लिखा कि आपको तुरंत बंबई आना पड़ेगा, क्योंकि 'राष्ट्रमत' के बंद होने की स्थिति पैदा हो गई है। पत्र मिलते ही गंगाधरराव बंबई की ओर चल दिए। वहाँ पहुँचकर उन्होंने देखा कि सारी योजनाएँ अस्त-व्यस्त थीं और कर्ज भी बहुत बढ़ गया था।

सबसे पहले गंगाधरराव ने 'राष्ट्रमत' का कार्यालय बदला। वे उसे बैंक रोड के नाके पर ले गए। यहाँ उन्होंने एक मकान किराए पर लिया, जिसका किराया तीन सौ रुपए प्रतिमाह था। फिर उन्होंने नई मशीन खरीदी और कार्य की बागडोर अपने हाथों में ली।

दत्तोपंत इससे अनभिज्ञ थे कि गंगाधरराव ने ही अब 'राष्ट्रमत' की बागडोर सँभाल ली है। बाद में जब उन्होंने 'राष्ट्रमत' के लिए लेख लिखा और गंगाधरराव ने उनसे मुलाकात की तब उन्हें इसका पता चला। गंगाधरराव के निवेदन पर वे राष्ट्रमत के लिए कार्य करने लगे।

'राष्ट्रमत' का माहौल दत्तोपंत को बहुत अच्छा लगा। उन्होंने देखा कि यहाँ अनेक नौजवान देश के कार्य में लगे हुए हैं। वे वामनराव जोशी से बहुत

प्रभावित थे, जो उत्तम कोटि के लेखक, वक्ता एवं नेता थे। प्रत्येक का व्यवहार मिलनसार था। उनके बीच हरिभाऊ फाटक नामक व्यक्ति थे, जो सभी के खाने-पीने का ध्यान रखते थे। वे ब्रह्मचारी थे। उनकी सेवाभावना सभी के लिए प्रेरणा का स्रोत थी। हरिभाऊ के बारे में काका कालेलकर ने लिखा है—

"सन् 1969 में हरिभाऊ फाटक ने 93 वर्ष की आयु में अपनी जीवनयात्रा पूरी की, तब तक वे नैष्ठिक ब्रह्मचारी ही रहे। उनका नम्र, निगर्वी एवं सेवापरायण भाव अंत तक बना रहा। 'राष्ट्रमत' के बंद होने के बाद वे गोवा चले गए थे। वहाँ उन्होंने अपने साथी दत्तोपंत आप्टे के साथ आल्मेद कॉलेज नामक एक राष्ट्रीयशाला आरंभ की थी। जब उनके लिए गोवा में रहना कठिन हो गया तो वे पूना चले आए।

पूना के सार्वजनिक जीवन में वे पूरी तरह से ओतप्रोत हो गए। उनके आसपास सेवकों का एक बड़ा मंडल सदैव एकत्र रहता था। सन् 1922 में पूना के सैसून अस्पताल में कर्नल मेहाक के हाथों जब गांधीजी का अंत्रपुच्छ का ऑपरेशन हुआ था, सरकार ने उस समय वहाँ उपस्थित रहने के लिए दो स्वजनों का नाम सुझाने के लिए कहा था। तब गांधीजी ने निष्ठावान, त्यागी और पवित्र मित्र के रूप में हरिभाऊ का नाम सुझाया था।"

दिन भर काम करने के बाद गंगाधरराव शाम के समय अपने सभी सहयोगियों के साथ बैठ जाते और फिर विभिन्न मुद्दों पर बातचीत करते। यह उनका रोज का नियम बन गया था। इस तरह विचारों के आदान-प्रदान से सभी को एक-दूसरे को जानने-समझने का मौका मिलता था।

जो भी राष्ट्रवादी व्यक्ति बाहर से आता था, वह गंगाधरराव के पास ही ठहरता था। इस तरह 'राष्ट्रमत' का कार्यालय बंबई में देशभक्तों का एक मुख्य केंद्र बन गया था। यहाँ दत्तोपंत के लिए एक विशेष बात यह रही कि उनका परिचय अनेक प्रभावशाली लोगों से हुआ।

गंगाधरराव के संपर्क अनेक प्रभावशाली क्रांतिकारियों से थे। वे जब भी इन क्रांतिकारियों से चर्चा आरंभ करते तो दत्तोपंत कमरे से बाहर चले जाते। ऐसा कई बार हुआ। एक बार गंगाधरराव ने उन्हें टोकते हुए कहा, "तुम ऐसे

क्यों करते हो? मैंने तुम्हें अपने कमरे में स्थान दिया है अर्थात् मैं तुम पर पूरा भरोसा करता हूँ। अत: मुझे तुमसे कुछ भी छिपाने की कोई आवश्यकता ही नहीं है। यदि ऐसी बात होती तो फिर मैं तुम्हें अपने कमरे में स्थान ही नहीं देता। अत: बाहर मत जाओ।''

उस दिन से दत्तोपंत के मन में गंगाधरराव के लिए सम्मान और बढ़ गया। गंगाधरराव का जीवन सभी के लिए आदर्श था। जब कभी गंगाधरराव को महसूस होता कि किसी कार्य के कारण साथियों में मनमुटाव पैदा हो गया है तो वे स्वयं उस कार्य को करते। इससे अन्य को ग्लानि होती और वे फिर उस कार्य को करने लग जाते।

एक तो पहले से ही बंगाल विभाजन के कारण देश भर में असंतोष व्याप्त था और जब से लोकमान्य तिलक को गिरफ्तार किया गया था, तब से तो स्थिति और भी अनियंत्रित हो गई थी। इस असंतोषजनक स्थिति का परिणाम यह हुआ कि जुलाई 1909 में एक पंजाबी नवयुवक मदनलाल धींगरा ने लंदन में कर्जन वायली नामक एक अंग्रेज अधिकारी की हत्या कर दी। यही नहीं, जब लालकाका नामक एक भारतीय उनके बीच बचाव में आया तो उसने उसकी भी हत्या कर दी। इस घटना को मुश्किल से छह महीने भी नहीं हुए थे कि नासिक में कलेक्टर जैक्सन की भी हत्या कर दी गई। इन हत्याओं के पीछे सावरकर का हाथ होने की बात कही गई। अत: उन्हें गिरफ्तार कर लिया गया। उनके अलावा अन्य कई क्रांतिकारियों को भी गिरफ्तार किया गया।

गिरफ्तार हुए क्रांतिकारियों में कुछ ऐसे क्रांतिकारी भी थे, जिन्हें गंगाधरराव बहुत नजदीक से जानते थे और उनके साथ उनके बहुत अच्छे सबध थे। अत: उन्होंने उनके बचाव के लिए कुछ करने की ठानी। इसके लिए उन्होंने अपने घनिष्ठ मित्र काका पाटिल से मुलाकात की, जो पेशे से वकील थे। काका पाटिल ने बड़ी होशियारी से कुछ ऐसी जानकारियाँ इकट्ठी की थीं, जिनके आधार पर क्रांतिकारियों के लिए बचाव कार्य किया जा सकता था। अब समस्या यह थी कि यह जानकारी जेल में क्रांतिकारियों तक पहुँचाई कैसे जाए। बस, इस हालत में एक ही रास्ता था कि कोई ऐसा

नवयुवक नासिक जाए, जिसका हत्याओं वाली घटना से कोई संबंध न हो और कुछ ऐसा करे, जिससे पुलिस उसे गिरफ्तार कर ले। इस कार्य के लिए दत्तोपंत ने 'हाँ' कर दी, लेकिन फिर योजना बदल दी गई और नासिक जाना निरस्त कर दिया गया।

लगातार क्रांतिकारियों का गिरफ्तार किया जाना जारी था। एक दिन दोपहर के समय किसी अनजान व्यक्ति ने उन्हें सूचना दी कि के.जी. खरे को गिरफ्तार कर लिया गया है। उसने यह भी बताया कि अभी खरे पुलिस कमिश्नर के दफ्तर में हैं और उन्होंने आपको बुलाया है।

के.जी. खरे की गिरफ्तारी की खबर सुनकर दत्तोपंत भौंचक्के रह गए। खरे फर्ग्युसन कॉलेज में उनके सहपाठी रह चुके थे। उनके भीतर देशभक्ति का जो जज्बा व जुनून था, उससे दत्तोपंत बहुत प्रभावित थे। थोड़ी देर बाद वे उस अनजान व्यक्ति के साथ, जो खरे की गिरफ्तारी की सूचना लेकर उनके पास आया था, चल दिए। पुलिस कमिश्नर के दफ्तर पहुँचते ही उन्होंने वहाँ बैठे सब-इंस्पेक्टर से पूछा, "क्या मैं के.जी. खरे से मुलाकात कर सकता हूँ?"

"क्यों? क्या तुम्हें पता है कि उन्हें गिरफ्तार कर लिया गया है?" सब-इंस्पेक्टर रौबदार आवाज में बोला।

"हाँ, मालूम है।" दत्तोपंत ने कहा।

"तो फिर ठीक है, तुम्हें भी गिरफ्तार किया जाता है।" सब-इंस्पेक्टर बोला, "अब बताओ वह पिस्तौल कहाँ है?"

"कौन सी पिस्तौल? मैं तो केवल खरे से मिलने आया हूँ।" दत्तोपंत हैरान होते हुए बोले।

"झूठ मत बोलो और सच-सच बताओ कि पिस्तौल कहाँ है?" सब-इंस्पेक्टर सख्त होते हुए बोला।

"मुझे सच में इस बारे में कुछ भी नहीं पता।" दत्तोपंत ने बताया।

"तो फिर ठीक है।" इतना कहकर सब-इंस्पेक्टर ने उन्हें एक कमरे में बंद कर दिया।

कमरे में दत्तोपंत को देखते ही खरे चौंकते हुए बोले, "आप यहाँ कैसे?"

"आप ही ने तो बुलाया है।" दत्तोपंत बोले।

"नहीं, मैंने तो नहीं बुलाया।" खरे एक बार फिर चौंकते हुए बोले।

इतना सुनते ही दत्तोपंत को समझते देर नहीं लगी कि वे किसी साजिश का शिकार हो गए हैं। थोड़ी देर में वहाँ एक अन्य पुलिस अधिकारी आया और खरे को अपने साथ लेकर चला गया। थोड़ी देर बाद दत्तोपंत को पुलिस कमिश्नर के पास ले जाया गया। उसने दत्तोपंत से पूछा, "खरे से तुम्हारा क्या संबंध है?"

"फर्ग्युसन कॉलेज में खरे मेरे सहपाठी थे। जब मुझे पता चला कि खरे को गिरफ्तार कर लिया गया है तो उनके खाने-पीने की व्यवस्था के बारे में जानने के लिए मैं यहाँ आया था।" दत्तोपंत ने बताया।

"यह तुम्हारा काम नहीं है। अब तुम यहाँ से जा सकते हो।" अधिकारी बोला।

"लेकिन मैं खरे से मिलना चाहता हूँ।" दत्तोपंत बोले।

"क्या तुम फिर से गिरफ्तार होना चाहते हो?" अधिकारी घूरते हुए बोला।

उस अधिकारी के इतना कहने के बाद दत्तोपंत ने वहाँ से चले जाना ही उचित समझा।

जैक्सन की हत्या के आरोप में जिन क्रांतिकारियों को गिरफ्तार किया गया था, उनमें विनायक देशपांडे, अनंत कान्हेरे और कृष्णाजी कर्वे भी थे, जिन्हें फाँसी की सजा सुनाई और सावरकर को अंडमान भेज दिया गया।

'राष्ट्रमत' केवल गंगाधर या दत्तोपंत के लिए ही कोई विशेष महत्त्व नहीं रखता था, बल्कि यह उन सभी के लिए अत्यंत महत्त्वपूर्ण था, जो उससे जुड़े हुए थे। पर सरकार के लगातार तरह-तरह से तंग करने के कारण उसे बंद करना पड़ा। यह सभी के लिए बड़े दुःख की बात थी, लेकिन ऐसा करने के पीछे उनकी मजबूरी थी। 'राष्ट्रमत' के विषय में गंगाधरराव ने अपनी आत्मकथा 'माझी जीवन कथा' में लिखा—

"अपने जीवन में जिसे मैं आनंद का काल कहूँ तो यही एक ऐसा काल

है, जो मैंने 'राष्ट्रमत' में बिताया। लोकमान्य की सजा के कारण राष्ट्रीय पक्ष में जो उदासी छाई, उन दिनों मैं कुछ कर सका इस बात की मुझे संतुष्टि है। मुझे इससे अच्छी शिक्षा भी मिली, मेरे जीवन को एक सही मार्ग मिला। मैं कई मित्रों को इकट्ठा कर सका, दृष्टि में व्यापकता आई, परिश्रम करने की आदत पड़ी और दूसरों का आदर करते हुए काम करने से क्या लाभ है—मुझे इसका अनुभव हुआ।''

'राष्ट्रमत' से जुड़कर दत्तोपंत जीवन के अनेक पहलुओं से रूबरू हुए। वे गंगाधरराव को गुरु-तुल्य मानते थे। उनके जीवन से दत्तोपंत ने बहुत कुछ सीखा था। 'राष्ट्रमत' से जुड़ना एक तरह से दत्तोपंत के आगामी जीवन के लिए बड़ा महत्त्वपूर्ण सिद्ध हुआ।

□

पिता की मृत्यु का आघात

पत्नी की मृत्यु से बालकृष्णजी का जीवन एकाकी हो गया था। न तो उनका कुछ करने का मन करता था और न ही किसी भी चीज में उनकी कोई रुचि रह गई थी। अब वे नौकरी से भी निवृत्त हो गए थे। बेलगुंदी में उन्होंने एक छोटा सा मकान और खेती की थोड़ी सी जमीन खरीदी थी। समय व्यतीत करने के लिए वे खेतों में काम करते थे। दत्तोपंत को बड़ा दु:ख होता था कि उम्र के इस अंतिम दौर में भी उनके पिता इतनी मेहनत करते हैं। अत: एक दिन दत्तोपंत ने टोक ही दिया, ''पिताजी, आपको इस आयु में काम नहीं, बल्कि आराम करना चाहिए।''

''यह सब मैं तुम सबके लिए ही तो करता हूँ।'' पिताजी बोले।

''नहीं पिताजी, यह उचित नहीं है। जब तक कमाने या काम करने की आयु थी, तब तक तो ठीक था, लेकिन अब यह सही नहीं है। इस तरह परिश्रम करके आप जो धन-दौलत संग्रहीत करना चाहते हैं, वह मुझे चुभ सी रही है।'' दत्तोपंत नाराजगी भरे स्वर में बोले।

दत्तोपंत की बात से पिताजी को ठेस पहुँची। पिताजी की आँखें गीली देख दत्तोपंत को दु:ख हुआ। इसके बाद से वे पिताजी की सेवा-सुश्रूषा दोगुने मनोभाव से करने लगे।

एक दिन बालकृष्णजी आराम कर रहे थे कि उनके पास दत्तोपंत आ गए। दत्तोपंत ने बालकृष्णजी से कहा, ''पिताजी, मैं आपसे कुछ कहना चाहता हूँ।''

''हाँ, कहो क्या कहना चाहते हो?'' बालकृष्णजी बोले।

''पिताजी, मैं यह कहना चाहता हूँ कि आप अपने जीवित रहते ही जमीन-जायदाद का बँटवारा कर दें। मैंने आपसे यह बात इसलिए कही, जिससे आपके बाद कोई बखेड़ा न हो।'' दत्तोपंत कुछ डरते हुए से बोले।

कुछ देर की खामोशी के बाद बालकृष्णजी बोले, ''सब कुछ यहीं रहेगा, कहीं कुछ नहीं जाएगा। हाँ, कुछ नकदी है, जिसे मैं हाल ही में तुम्हारे बीच बाँट दूँगा। अब तो तुम्हें संतुष्टि हो गई होगी।''

पिताजी की बातें सुनकर दत्तोपंत नाराज हो गए और बोले, ''मुझे कुछ भी नहीं चाहिए। न जमीन और न ही जायदाद। बस, मेरे कहने का अभिप्राय यह था कि आपके बाद किसी भी तरह कोर्ट-कचहरी का मामला न पड़े और बाकी आपकी मरजी।''

इन बातों को अधिक दिन नहीं गुजरे थे कि एक दिन बालकृष्णजी ने वसीयतनामा लिखकर दत्तोपंत को थमा दिया। दत्तोपंत ने वसीयतनामा पढ़ा, जिससे उन्हें बड़ा दुःख हुआ। वे बालकृष्णजी से बोले, ''पिताजी, सब कुछ आपका ही है और यह आपका अधिकार है कि आप उसे जैसे चाहें, वैसे बाँटें, पर अण्णा को कम देना उचित नहीं है, वह आपका बेटा है, जबकि बाबा की नाराजगी को आप उनके बच्चों पर क्यों जाहिर करते हैं, उनका क्या दोष? अभी वे बहुत छोटे हैं, इसीलिए आपको उन्हें और अधिक हिस्सा देना चाहिए था।''

बालकृष्णजी बाबा और अण्णा दोनों से बहुत नाराज थे और जब उन्होंने देखा कि दत्तोपंत अपने दोनों भाइयों का पक्ष ले रहे हैं तो उन्होंने तुरंत उनसे वसीयतनामा छीनकर फाड़ डाला। उन्होंने दूसरा वसीयतनामा लिखा और उसे दत्तोपंत को देते हुए बोले, ''अब इसमें किसी भी प्रकार का कोई परिवर्तन नहीं होगा।''

इस नए वसीयतनामे में उन्होंने बाबा के बच्चों व अण्णा को अधिक हिस्सा दिया था, जबकि दत्तोपंत व अन्य को सबसे कम। दत्तोपंत को इस बात का कोई गम नहीं था कि उन्हें सबसे कम हिस्सा मिला था, क्योंकि वे यह समझते थे कि यही पिताजी की इच्छा है।

कुछ समय बाद बगीचे में काम करते समय बालकृष्णजी के पाँव में चोट लग गई, जिससे एक घाव बन गया। धीरे-धीरे यह घाव गहरा होता गया। डॉक्टरी जाँच के बाद पता चला कि उन्हें मधुमेह रोग है, जिस कारण यह घाव बढ़ता जा रहा है। गहरे होते घाव के कारण उनकी तबीयत खराब रहने लगी थी। दत्तोपंत को भी लगने लगा था कि अब शायद ही उनके पिताजी अधिक दिनों तक जीवित रहें।

अब तक बालकृष्णजी वेदों-शास्त्रों को पढ़ने से बचते आए थे, लेकिन जीवन के अंतिम दिनों में उन्होंने दत्तोपंत से गीता पढ़ने की इच्छा जताई। यह जानकर दत्तोपंत को बड़ी प्रसन्नता हुई। वे शाम के समय गीता पढ़कर सुनाते। इससे उनके बीच निकटता बढ़ी।

एक दिन बालकृष्णजी ने स्वयं गीता अपने हाथ में ली और पढ़ना शुरू किया। उस दिन पूरी एकाग्रता से उन्होंने संपूर्ण गीता पढ़ डाली। इसके बाद वे ध्यानमग्न हो गए और ऐसे ध्यानमग्न हुए कि फिर कभी जाग्रत् न हो सके। वे परलोक गमन कर गए थे। 10 फरवरी, 1910 को उन्होंने इस दुनिया से विदा ली।

माता तो पहले ही परलोकवासी हो चुकी थीं और अब पिताजी के भी स्वर्गवासी हो जाने से दत्तोपंत स्वयं को अकेला सा महसूस करने लगे थे। वे इतने दु:खी हो गए थे कि उन्होंने कहा कि अब इस दुनिया से किसी भी प्रकार का कोई संबंध नहीं रखूँगा।

जब बालकृष्णजी को दत्तोपंत गीता पढ़कर सुनाते और उसके प्रत्येक श्लोक का सार समझते तो उन्हें संतुष्टि मिलती थी। उनके जीवन में गीता ने एक मार्गदर्शक की भूमिका अदा की थी। इस विषय में उन्होंने लिखा है—

"गीता मेरे लिए केवल एक ग्रंथ ही नहीं है, बल्कि एक जीवित व्यक्ति है। तटस्थ व्यक्ति भी नहीं, बल्कि मुझे अपने अधिकार में लेकर रास्ता दिखानेवाला, फिर भी मुझे संपूर्ण रूप से स्वतंत्र रखनेवाला एक मंगलमूर्ति व्यक्ति है। मैं जीवनधर्मी हूँ, जीवनोपासक हूँ और जीवन-परायण हूँ। मृत्यु को भी मैं जीवन का ही एक महत्त्वपूर्ण साधन मानता हूँ। मृत्यु में भी जीवन

की ही जीत देखता हूँ। मुझे गीता ने ही यह जीवनदृष्टि प्रदान की है।''

जिस बात का दत्तोपंत को डर था, वही हुआ। पिता की मृत्यु के बाद जायदाद के बँटवारे को लेकर घर में बखेड़ा हुआ। अब उनका मन घर में नहीं लगता था। अतः घर से जाने का फैसला किया। उन्होंने अपने मन की बात अपनी पत्नी को बताई, ''मैं यहाँ से कुछ दिनों के लिए गोवा जाऊँगा और कुछ दिन वहाँ रुककर फिर बड़ौदा चला जाऊँगा। जब तक मुझे वहाँ रहने के लिए कोई मकान नहीं मिलता, तुम्हें यहीं रहना होगा और जैसे ही रहने का इंतजाम हो जाएगा, मैं तुम्हें अपने पास बुला लूँगा।''

इस तरह बड़े दुःखी मन से दत्तोपंत ने गोवा की ओर गमन किया।

□

दत्तोपंत से काका साहब

गोवा के प्रति दत्तोपंत का विशेष आकर्षण था। पूर्व में अपने परिवार के साथ वे यहाँ आ चुके थे। गोवा के बारे में उनका कहना था कि गोवा को न जाने कितनी बार देखा, लेकिन मुझे अभी तक नहीं लगता कि मैंने जी भरकर गोवा देखा है।

कुछ समय गोवा में बिताने के बाद दत्तोपंत बड़ौदा आ गए। यहाँ उनकी मुलाकात केशवराव देशपांडे से हुई। केशवराव 'गंगनाथ विद्यालय' के संचालकों में से एक थे। एक विद्यालय में दत्तोपंत हेडमास्टर के रूप में कार्य करने लगे।

केशवराव चाहते थे कि छात्रों व शिक्षकों के बीच पारिवारिक संबंध हों। कोई भी एक-दूसरे को पराया न समझे, इसीलिए उन्होंने विद्यालय में शिक्षकों को मामा, नाना, अण्णा आदि उपनामों की उपाधि दी हुई थी। अत: विद्यालय की प्रचलित प्रथा के अनुसार दत्तोपंत को 'काका' कहा जाने लगा। इस तरह गंगनाथ विद्यालय में दत्तोपंत काका कालेलकर के नाम से प्रसिद्ध हो गए।

शुरुआत में काका साहब केशवराव के पास ही रहते थे, लेकिन बाद में वे अपनी पत्नी के साथ एक अलग मकान में रहने लगे। आगे चलकर उनकी पत्नी भी एक अन्य उपनाम 'काकी' के नाम से पहचानी जाने लगीं। काकी कोई अधिक पढ़ी-लिखी तो थीं नहीं, इसीलिए उनका काका साहब से एक अंतर बना रहा। काका साहब तो ठहरे सिद्धांतवादी व्यक्ति। अत: जब भी सिद्धांतों की बात होती तो उनके बीच अनबन शुरू हो जाती। अत: अनुकूल

जीवन व्यतीत करने के लिए उन्हें अनेक कठिनाइयों का सामना करना पड़ता था। इस बारे में काका कालेलकर ने लिखा है—

"जैसा कि मुझे याद है कि कॉलेज के प्रथम वर्ष की छुट्टियों में मैं पूना से घर लौटा। उसी समय मैं काकी को कुछ-कुछ ही पहचान सका। उस समय तक मैंने काकी से कोई बातचीत तक नहीं की थी। मैं भी हुकम के रूप में उसे कुछ कह देता, लेकिन वह तो बेचारी कुछ भी न बोल पाती थी।

दूसरे वर्ष पूना लौटते ही गोंदू के द्वारा मैंने उससे पत्र-व्यवहार आरंभ किया। उसके बहुत छोटे-छोटे जवाब आते और उसमें भी मराठी की बहुत अशुद्धियाँ रहतीं। मैंने सोचा कि छुट्टियों में मैं घर लौटूँगा तो सबसे पहले उसे मराठी ही पढ़ाऊँगा। मराठी के अच्छे साहित्य के प्रति उसके मन में रुचि पैदा करूँगा और फिर उसे धीरे-धीरे कविताओं तक ले चलूँगा।

मैंने अनेक प्रयास किए, लेकिन मेरे सभी प्रयास निष्फल सिद्ध हुए। मैं निराश होता गया। मैंने देखा कि पढ़ाई तो होती नहीं, उलटे पढ़ाई के कारण मन में जो निराशा पैदा होती है, वह हमारे बीच के संबंधों का स्वाभाविक रस ही सुखा देती है। अत: मैंने उसे पढ़ाने के सभी प्रयास छोड़ दिए। जैसे बार-बार फेल होने से छात्र स्कूल छोड़ देते हैं, वैसा ही कुछ मुझे महसूस हुआ और उसके प्रति मैं विरक्त हो गया। इस विरक्ति के कारण हम दोनों के बीच एक बड़ी खाई पैदा हो गई।

बाद में मुझ पर देशसेवा की धुन सवार हुई। उससे वह कभी एकरस न हो सकी। आखिर काफी सोचकर मैंने तय किया कि वैवाहिक जीवन और देशसेवा का आदर्श दोनों का मेल बैठाना है। मामूली संस्कारी रसिकता की ही उम्मीद रखी थी। वह भी जब मुझे मुश्किल सी मालूम हुई, मैंने अपने सारे स्वप्न छोड़ दिए और उसकी भूमिका पर उसे जिस तरह संतोष हो, उसी तरह व्यवहार करने का निश्चय किया। मेरी इस निराग्रही वृत्ति के कारण हम दोनों के बीच कुछ शांति स्थापित हो सकी। काकी का संकोच दूर हुआ और वह अपनी शक्ति के अनुसार मेरी भूमिका समझने की और उसे अपनाने की कोशिश भी करने लगी।"

कुछ समय के बाद काका साहब अपनी मौसी को अपने पास ले आए। मौसी ने काका साहब को अपनी इच्छा व्यक्त करते हुए कहा कि वे काशी-यात्रा करना चाहती हैं। उनकी बात सुनकर काकाजी ने 'हाँ' करते हुए कहा कि उन्हें भी पिताजी की अस्थियों का विसर्जन करना है, इसलिए दोनों साथ-साथ चलेंगे।

गंगनाथ विद्यालय से वेतन के रूप में काका साहब को 40 रुपए प्रतिमाह के रूप में मिलते थे। अत: बहुत ही सोच-समझकर घर का खर्च चलाना पड़ता था। कभी-कभी तो खर्चे के कारण काका साहब और काकी में तनातनी हो जाती थी। एक बार घर में चावल खत्म हो गए तो काकी ने काका साहब से चावल मँगाने के लिए पैसे माँगे। काका साहब ने उन्हें बताया कि अभी तो उनके पास पैसे नहीं हैं और उन्हें वेतन भी लगभग एक हफ्ते के बाद मिलेगा। फिर कुछ देर की खामोशी के बाद काका साहब बोले, "अगर तुम कहो तो मैं कुछ पैसे कर्जे पर ले लूँ।"

बस, काका साहब का इतना कहना था कि काकी गुस्से से भड़क उठीं। वे झल्लाते हुए बोलीं, "क्या आपको पता है कि जिस घर में कर्ज का पैसा आता है, वहाँ लक्ष्मी एक क्षण के लिए भी नहीं ठहरती। मैं निबाह कर लूँगी, लेकिन आइंदा आप कर्ज की बात बिल्कुल न करना।"

काका साहब के एक मित्र थे उटगीकर शास्त्री। वे अकसर काका साहब के घर आते रहते थे। एक दिन उन दोनों के बीच 'लोकसंग्रह' शब्द को लेकर बहस छिड़ गई। शास्त्रीजी बोले, "समाज रूढ़िवादी होता है, इसलिए उसे नहीं छेड़ना चाहिए। यदि किसी को अपने जीवन में सुधार करना है तो उसे यह खामोशी से कर लेना चाहिए। समाज में सुधार लाने की बात करेंगे तो परिणाम यह होगा कि उसकी सहानुभूति खत्म हो जाएगी। बस, यह लोकसंग्रह है।"

चर्चा को आगे बढ़ाते हुए शास्त्रीजी बोले, "मैं जाति से देशस्थ ब्राह्मण हूँ और आप गौड़ सारस्वत। महाराष्ट्र में देशस्थ को ब्राह्मण सारस्वत ब्राह्मण के घर चाय-कॉफी वगैरह लेने में कोई आपत्ति नहीं है। फिर भी यदि कोई मुझसे इस बारे में पूछेगा तो मैं इतना ही कहूँगा कि नहीं, मैं काकाजी के घर

कुछ भी नहीं लेता यानी मुझे झूठ बोलना पड़ेगा। बस, यही लोकसंग्रह का तात्पर्य है।''

काका साहब ने इस विषय पर कोई प्रतिक्रिया देना उचित नहीं समझा और तुरंत विषय बदलकर बातें करने लगे।

अगले दिन फिर शास्त्रीजी काका साहब के घर आए। उनके बीच फिर विभिन्न मुद्दों को लेकर बातचीत शुरू हो गई। तभी काकी उनके लिए नाश्ता ले आईं। वे काकाजी के लिए तो कॉफी ले आईं, लेकिन शास्त्रीजी के लिए नहीं लाईं। यह देखकर काकाजी बोले, ''क्या आज शास्त्रीजी को कॉफी पिलाने का इरादा नहीं है?''

''हाँ, कुछ ऐसा ही समझो।'' काकी गुस्से में तमतमाती हुई बोलीं, ''मुझे किसी को चोरी-चुपके कुछ भी खिलाना अच्छा नहीं लगता।''

काकी का टका सा जवाब सुनकर काका साहब भौंचक्के रह गए। उन्हें कहने की जरा भी हिम्मत नहीं हुई कि पिछली बातों को छोड़ो और अभी कॉफी पिलाओ। बाद में शास्त्रीजी ने काकी के व्यवहारानुसार ही व्यवहार किया। वे समझ गए थे कि काकी का व्यवहार किस प्रकार का है, उन्हें किस प्रकार व्यवहार पसंद है।

काका साहब समय के बड़े पाबंद थे। सुबह पाँच बजे उठते और शौचादि क्रिया से निवृत्त होकर कुछ समय ध्यानादि में बिताते। फिर वे गीता का पाठ करते। इसके बाद वे विद्यालय जाते और छात्रों के साथ बिताए जानेवाले समय को सबसे उपयोगी समय बताते। अपने मित्रतापूर्ण मधुर व्यवहार के लिए वे छात्रों के बीच बहुत लोकप्रिय थे। उन्होंने लिखा है—

''जिनसे माता-पिता निराश हो चुके हैं, वही छात्र मेरे हिस्से में आए थे। उन पर नियंत्रण रखना, उन्हें विद्या और सेवा का स्वाद चखाना, आदर्शों के पीछे पागल बनने में ही जीवन की सफलता है, यह उन्हें समझाना है—उन दिनों यही मेरा मुख्य आनंद था। इन नटखट छात्रों को पढ़ाने के तरह-तरह के प्रयोग करने के बाद मैं इस निर्णय पर आ गया कि शिक्षाकार्य में कोई एक पद्धति सभी जगह समान रूप में सफल नहीं हो सकती।''

आत्मा का हनन करनेवाली सभी पुरानी गलत पद्धतियाँ छोड़ दें। उसके बाद विषय, प्रसंग, व्यक्ति, समाज, आयु, स्फूर्ति और आवृत्ति हर एक का विचार करके हर क्षण और हर प्रसंग पर पद्धतियाँ बदलनी चाहिए। कोई विशेष पद्धति शास्त्रसिद्ध है और दूसरी सब असिद्ध हैं, ऐसा नहीं है। शिक्षाकार्य में पढ़ाई करनेवाले विद्यार्थी के मानस का विचार जितना आवश्यक है, उतना ही शिक्षक के मानस, उसके गठन, उसकी जानकारी और कुशलता का विचार करना भी आवश्यक है।

इस निश्चय के बाद मैंने एक और निर्णय किया कि पाठ्यपुस्तकें चाहे जितनी सुंदर हों, शिक्षाकार्य में शिक्षक की हमेशा आवश्यकता रहनेवाली है। शिक्षाकार्य में शिक्षक का सान्निध्य, उसकी प्रेरणा और सहानुभूति ही महत्त्वपूर्ण है। अत: ग्रंथों के अध्ययन के अलावा मौखिक शिक्षा का महत्त्व अधिक है। श्रोत शिक्षा ही सच्ची शिक्षा है। इतनी योग्यता व अधिकार पाने के लिए शिक्षक का ज्ञान और चारित्र्य आदर्श रूप होना चाहिए।"

शैक्षिक वातावरण में रहने के कारण काकी का मन परिवर्तित हो गया था। अब उनके भीतर भी पढ़ने व लिखने की इच्छा जाग्रत् हो गई थी। एक दिन उन्होंने काका साहब से पढ़ने-लिखने की इच्छा व्यक्त की। उनके मुख से यह पढ़ने-लिखने की बात सुनकर काका साहब अवाक् रह गए। वे विचारने लगे कि कुछ समय पहले तो काकी की पढ़ाई-लिखाई में कोई रुचि नहीं थी, लेकिन यह परिवर्तन उनमें अचानक कैसे आया? यह काका साहब के लिए कौतूहल का विषय था।

इस तरह काका साहब ने काकी को सबसे पहले मराठी पढ़ाना शुरू किया। काका साहब ने उन्हें अनेक प्रसिद्ध मराठी कविताएँ कंठस्थ कराईं। काकी की प्रिय कविता 'राजहंस माझा निजला' थी, जिसे उन्होंने सबसे पहले कंठस्थ किया था।

काकी के पढ़ने-लिखने की खबर जब काका साहब के मित्र रामभाऊ कामत की बहन शांताबाई को मिली तो शांताबाई सोचने लगीं कि काश! मैं भी पढ़-लिख पाती। अत: अपनी यह इच्छा लेकर वे काकी के पास गईं और

उनसे अपने मन की बात कही। इस पर काकी बोलीं, ''नहीं, उनके पास समय ही कहाँ है? यदि इस बारे में मैं उनसे पूछूँगी भी तो वे उल्टा मुझे डाँट देंगे।''

काकी से इतना सुनकर शांताबाई निराश मन से लौट गईं।

शाम के समय काका साहब घर लौटे तो काकी ने शांताबाई की बात उन्हें बताई और यह भी बताया कि उन्होंने उन्हें मना कर दिया है। काकी के शांताबाई के साथ किए गए व्यवहार से उन्हें बहुत दुःख हुआ। वे बोले, ''यह तो तुमने बिल्कुल भी सही नहीं किया। लिखने-पढ़ने के लिए तो मैंने कभी किसी को मना नहीं किया है, बल्कि प्रोत्साहित ही किया है। फिर शांताबाई तो मेरे मित्र रामभाऊ कामत की बहन हैं। जब उन्हें इसका पता चलेगा तो उन्हें बहुत दुःख होगा।''

''मैं तो बस इतना जानती हूँ कि कोई पराई स्त्री आपके पास आकर बैठे तो मुझे बिल्कुल भी पसंद नहीं है।'' काकी रोषपूर्ण भाव से बोलीं।

काकी की बात सुनकर काका साहब मुसकराने लगे। इस विषय में उनके विचार इस प्रकार हैं—

''मैं तुरंत ही समझ गया कि काकी की बातों से मेरी संपूर्ण जीवनदृष्टि जाग्रत् हो गई। मैं मन-ही-मन सोचने लगा कि ईर्ष्या और मत्सर ही पति-पत्नी के प्रेम का अर्थ है और परस्पर स्वामित्व ही उसकी नींव है।''

काका साहब काकी के प्रेम से भाव-विह्वल हो उठे थे। यह काकी का प्रेम ही था, जिसके कारण उन्होंने शांताबाई को काका साहब के पास पढ़ने से मना कर दिया था।

काकी का स्वास्थ्य खराब रहने लगा था। इसका कारण था—कार्य की अधिकता। अब तक तो काकी काका साहब की सेवा करती थीं, लेकिन अब तो काका साहब को भी उनकी सेवा करने का मौका मिल गया था। एक दिन काकी ने उनसे शाहपुर चलने का आग्रह किया तो काका साहब ने कहा कि अभी तुम बीमार हो, जब स्वस्थ हो जाओगी तो तब चलेंगे। इस पर काकी बोलीं, ''मैं शाहपुर की आबोहवा में जल्दी ही स्वस्थ हो जाऊँगी, इसलिए आप मुझे शाहपुर लेकर चलिए।''

जब काका साहब काकी को लेकर शाहपुर की ओर जा रहे थे, उस समय रास्ते में उन्हें शाहपुर में प्लेग की बीमारी की बात पता चली। अतः उन्होंने शाहपुर जाने के बजाय बड़गाँव का रुख किया, जहाँ काकी के मायकेवाले पहले से ही आए हुए थे।

बड़गाँव का वातावरण काकी के स्वास्थ्य के लिए बड़ा लाभदायक सिद्ध हुआ। उनके स्वास्थ्य में धीरे-धीरे सुधार होने लगा। इसका एक कारण यह भी था कि उन्हें अपने मायकेवालों के बीच रहने का मौका मिला था।

□

तीर्थस्थानों का भ्रमण

केशवराव देशपांडे अपने साथियों के बीच प्रेरणा का स्रोत थे। उन्होंने जिस प्रकार से देश भर से अनेक अच्छे-से-अच्छे शिक्षकों को गंगनाथ विद्यालय में एकत्र किया था, वह वाकई काबिलेतारीफ था। उन्होंने अपना सर्वस्व इस संस्था के लिए अर्पित कर दिया था। काका साहब ने रवींद्र केलेकर के साथ हुई बातचीत में अपने विचारों को कुछ इस प्रकार व्यक्त किया है—

"मैं अपने बारे में यह अवश्य कह सकता हूँ कि गंगनाथ में मैंने जो कुछ पाया, उसी के कारण बाद में महात्मा गांधी के विचारों को समझने में और उनके रचनात्मक कार्यों को अपनाने में मुझे किसी तरह की कोई कठिनाई महसूस नहीं हुई। मैं गांधीजी को अपने विचारों और कार्यक्रमों के साथ बड़ी आसानी से अपना सका।

यह कहते हुए मुझे बिल्कुल भी संकोच नहीं होता कि मेरे हाथों देश की जो कुछ सेवा हो सकी है, वह एक प्रकार से गंगनाथ की प्रवृत्ति का ही व्यापक रूप है। केशवराव बड़े संतोष के साथ जो कहते थे कि हमारे गंगनाथ के बीज देश के अनेक प्रदेशों में बोए गए हैं, वह बिल्कुल सच है। जो लोग गंगनाथ में इस समय काम करते थे, उनमें से लगभग सभी बाद में गांधीजी के मार्गदर्शन में देश में इधर-उधर काम करने लगे। सभी हमेशा यही महसूस करते रहे कि वे गंगनाथ का ही कार्य अधिक व्यापक रूप में और अधिक गहराई के साथ कर रहे हैं।"

कुछ राजनीतिक कारणों के चलते गंगनाथ विद्यालय बंद हो गया। इससे काका साहब को बड़ा झटका लगा। उनका मन निराश हो उठा। उनका स्वास्थ्य भी कुछ खराब सा रहने लगा था। अत: उन्होंने निश्चय किया कि क्यों न कुछ भ्रमण किया जाए। इसके लिए उन्होंने 'हिमालय' का स्थान चुना। अत: उन्होंने फैसला किया कि वे अपनी पत्नी को उनके मायके में छोड़कर पहले काशी में पिताजी की अस्थियों को प्रवाहित करेंगे और फिर हिमालय की यात्रा पर निकल जाएँगे। अपनी हिमालय की यात्रा के विषय में काका साहब ने लिखा है—

''हिमालय की यात्रा के लिए जो तैयारी पहले से करनी चाहिए, वह मैंने नहीं की थी। हिमालय की यात्रा पर जानेवाले को हिंदी भाषा का कामचलाऊ ज्ञान होना चाहिए, जो कि मेरे पास बिल्कुल भी नहीं था। उसके स्थानीय इतिहास और स्थानीय भूगोल की भी साधारण सी जानकारी मुझे नहीं थी। मेरे पास पूर्व तैयारी के रूप में उत्साह की पूँजी यथेष्ट थी। मेरा शरीर दुबला-पतला था, लेकिन कष्ट-सहिष्णु था और बरबाद करने के लिए समय की कोई कमी न थी। बिना किसी उद्‍देश्य के जीवन बिताने की मानसिक तैयारी भी थी। मुझे रसोई बनाना आता था, पानी में तैरना आता था और अकेले-अकेले मनोराज्य में मग्न होना भी आता था। प्रकृति के साथ एकरूप होने की मनोवृत्ति बन चुकी थी और बड़ी-से-बड़ी तैयारी थी प्रेमी मित्रों का साथ।''

सबसे पहले काका साहब प्रयागराज पहुँचे, जहाँ उन्होंने अपने पिता की अस्थियों का विसर्जन किया। इसके बाद वे बनारस गए। बनारस पहुँचते ही सबसे पहले उन्होंने यहाँ के अक्षयवट के दर्शन किए। इसके पहले भी वे एक बार बनारस आए थे। लेकिन जो भी यहाँ एक बार आता है, फिर यहाँ बार-बार आने की इच्छा बलवती हो उठती है। काका साहब ने लिखा है—

''इसकी जैसी जिंदा नगरी दुनिया में और दूसरी नहीं मिलेगी। भारतवर्ष में कई बड़े-बड़े साम्राज्य खड़े हुए और देखते-ही-देखते सभी नामशेष भी हो गए। उनकी बड़ी-बड़ी राजधानियाँ छोटे-छोटे गाँव में रूपांतरित हो गईं।

फिर भी काशी, बनारस ज्यों-के-त्यों बने हुए हैं, क्योंकि वहाँ धर्म चिंतन की परंपरा अखंड चलती आ रही है। काशी में आज भी कर्मकांडियों के यज्ञयास चलते हैं और वेदांतियों की अद्वैत की चर्चा सुनने को मिलती है। जो भी नया विचार इस देश में पैदा हुआ, काशी में आते ही उसे अपना घर मिला। काशी का नाम लेते ही जैसे हरिश्चंद्र का स्मरण हो आता है, वैसे ही बुद्ध और महावीर का भी हो आता है। सबसे अधिक कबीर हमारा ध्यान अपनी ओर खींचते हैं।''

काशी-भ्रमण के बाद काका साहब ने गया और बेलूर मठ आदि तीर्थस्थानों के भी दौरे किए। उन्होंने धर्मनगरी अयोध्या का भी दौरा किया। इस धर्मनगरी में पहुँचने के बाद उन्हें बड़ा सुखद अनुभव हुआ। इसी दौरान उन्हें काकी के कई पत्र मिले। इनमें से एक पत्र में काकी ने एक पुत्र को जन्म देने का वर्णन किया और यह भी उल्लेख किया कि इस पुत्र का नाम उन्होंने उनके पिता के नाम पर बालकृष्ण रखा है। एक अन्य पत्र में उन्होंने पढ़ा कि उनके घर की दीवार टूट गई, जिससे कुछ परेशानियाँ खड़ी हो गई हैं। इस विषय में काका साहब ने लिखा—

''मैं समस्त पाश छोड़कर यहाँ आया था और अब इन दुनियावी बातों से मेरा कोई संबंध नहीं रहा था। मैं मन से भी बिल्कुल विरक्त हो गया था, फिर भी मैंने दीवार के बारे में अपने भाई नाना को पत्र लिखा और उससे उसकी जिम्मेदारी लेने की विनती की। एक अन्य पत्र मैंने काकी को लिखा, जिसका आशय था कि संकल्पानुसार यात्रा पूरी करके अब मैं तपश्चर्या के लिए हिमालय में आ गया हूँ। अब यहीं एकांत में बैठकर तपश्चर्या करना चाहता हूँ। मैं कम-से-कम तीन वर्ष तपश्चर्या में बिताना चाहता हूँ। मेरी ओर से अब कोई पत्र पाने की उम्मीद न रखना। मुझे ढूँढ़ने का भी प्रयास न रखना। यदि इस पर भी प्रयास करोगी तो पछताओगी।

यह पत्र मानो एक बम था। इसमें भी मेरे मन में चोरी थी। मैंने पत्र में तीन वर्षों का वर्णन किया था, लेकिन तीन वर्षों के बाद लौटने की मेरी कोई इच्छा नहीं थी। मैंने यही सोचा था कि मैं अब हमेशा के लिए

हिमालय में ही रहूँगा। संन्यास की दीक्षा लूँगा और मोक्ष की ही साधना करूँगा। यदि ईश्वर से प्रेरणा मिली तो स्वामी विवेकानंद की तरह अपनी शक्ति के अनुसार धर्म और देश की सेवा करता रहूँगा, लेकिन यह सब काकी को बताने की मुझे कोई आवश्यकता महसूस नहीं हुई। इच्छा ही नहीं हुई। तीन वर्षों में उसे मेरे बिना ही रहने की आदत हो जाएगी और तब उसे अपने आप पता चल जाएगा या फिर मैं स्वयं ही बता दूँगा कि मैंने ऐसा ही सोचा था….।''

काका साहब यह भलीभाँति जानते थे कि हिमालय पर साधना करने के लिए किसी भी गुरु से मंत्र-विद्या दीक्षा लेनी पड़ती है और इसकी उन्होंने पहले से ही तैयारी की हुई थी। उन्होंने केशवराव देशपांडे से 'नवार्ण' मंत्र की दीक्षा ली थी। उन्होंने हरिद्वार के उत्तर की ओर गंगातट पर 'श्रीनगर' नामक सिद्धपीठ की प्रसिद्धि के बारे में सुना था। देवी भागवत् में इस सिद्धपीठ का बहुत महात्म्य बताया गया है। ऐसा बताया गया है कि जो भी साधक यहाँ साधना करता है, उसे उसका फल अवश्य ही मिलता है। साधक की साधना व्यर्थ नहीं जाती। अत: उन्होंने इसी स्थान पर तपस्या करने का निर्णय किया।

इस यात्रा पर काका साहब के साथ मर्ढेकर नामक स्वामी भी थे। काका साहब की पूरा हिमालय छानने की कोई इच्छा नहीं थी और वे श्रीनगर सिद्धपीठ में ही तपश्चर्या में लीन रहने के इच्छुक थे, लेकिन स्वामीजी ने उनसे कहा कि जब आए हैं तो उत्तराखंड की भी यात्रा कर ली जाए। स्वामीजी ने बताया कि यह हिमालय का परम पवित्र स्थान है और प्राचीनकाल से ही इसकी महत्ता रही है। बस, फिर क्या था वे इतना सुनते ही उत्तराखंड की ओर चल दिए। वे अनेक ऊबड़-खाबड़ पथरीले रास्तों से गुजरते हुए उत्तराखंड की यात्रा पर निकल पड़े।

उत्तराखंड की यात्रा बड़ी दुर्गम थी। पथरीले मार्ग के कारण उनके पाँव में छाले पड़ गए थे। कभी इतनी ऊँचाई पर चढ़ना पड़ता कि मानो आकाश को छूने निकल पड़े हों और कभी इतनी गहराई में चले जाते कि

मानो पाताल-लोक की सैर पर जा रहे हों। बस, सुबह से शाम चढ़ते रहने का ही काम था।

जहाँ लगभग आठ सौ मील की इस लंबी यात्रा ने उनके शरीर को थकान से निढाल कर दिया था, वहीं पहाड़ों की शोभा एवं आसपास की प्रकृति की भव्यता ने उनके मन को प्रसन्नता एवं आश्चर्य का नवीन अनुभव कराया था। उन्होंने लगभग चालीस दिन तक उत्तराखंड का भ्रमण किया और इस दौरान गंगोत्री, यमुनोत्री, केदारनाथ एवं बद्रीनाथ जैसे तीर्थस्थानों के जी भरकर दर्शन किए। इसके बाद वे हरिद्वार लौट आए।

काका साहब का इस यात्रा का उद्देश्य मन की शांति था, आत्मिक साधना था और इसलिए उन्होंने निश्चय किया था कि सुई से निर्मित कोई भी वस्त्र धारण नहीं करेंगे। अत: वे धोती, चादर और कानों में ढकने के लिए एक हलका सा कपड़ा ही धारण करते थे।

जब काका साहब उत्तराखंड की यात्रा के बाद हरिद्वार लौटकर आए तो उन्होंने सुना कि 'श्रीरामकृष्ण मिशन' के अध्यक्ष स्वामी ब्रह्मानंद निकट ही कनखल में ठहरे हुए हैं। स्वामी ब्रह्मानंद के विषय में उन्होंने सुना था कि एक शिष्यवत्सल गुरु के रूप में स्वामीजी की ख्याति देश भर में है और वे बड़े ही विनोदप्रिय भी हैं। अत: उन्होंने स्वामीजी से मिलने का निश्चय किया।

जब काका साहब स्वामीजी से मिलने पहुँचे तो उस समय वे ताश खेलकर उठे थे। स्वामीजी के ताश खेलने के बारे में सुनकर उन्हें बड़ा आश्चर्य हुआ। उनके बीच बातचीत का दौर शुरू हुआ। काका साहब ने उनसे दीक्षा देने की बात कही तो स्वामी ने उन्हें बताया कि जब आप हमारे यहाँ तीन वर्ष तक ब्रह्मचर्य जीवन व्यतीत कर लेंगे, उसके बाद ही आपको दीक्षा दूँगा। उनकी बात सुनकर काका साहब बोले, "स्वामीजी, मैंने कश्मीर के अमरनाथ के महात्म्य के विषय में बहुत ख्याति सुनी है, अत: मेरी यह हार्दिक इच्छा है कि पहले मैं अमरनाथ के दर्शन कर आऊँ और फिर आपके मिशन में शामिल होऊँ।"

स्वामीजी ने काका साहब से कहा, "जैसी आपकी इच्छा।"

इसके बाद काका साहब अमरनाथ की यात्रा पर निकल पड़े। इस यात्रा के बारे में उन्होंने रवींद्र केलेकर से बातचीत की, जिसका वर्णन इस प्रकार है—

"मैंने अमरनाथ की यात्रा से लौटने के बाद फिर से स्वामीजी से मुलाकात की। मैंने उन्हें बताया कि इस यात्रा के दौरान मैं अनेक साधुओं के संपर्क में आया। मुझे संन्यास की दीक्षा लेकर गेरुए वस्त्र धारण करने की कोई जल्दबाजी नहीं है। किसी एक स्थान पर बैठकर मन में पुरश्चरण करने की इच्छा पैदा हुई है। तब स्वामीजी बोले, 'तो ठीक है आप पुरश्चरण कीजिए। हाँ, एक बात का ध्यान अवश्य रखिए कि जब भी आपको हमारे पास आकर रहने की इच्छा हो तो बिना किसी हिचकिचाहट के आ सकते हैं, यहाँ हमेशा आपका स्वागत है।'

स्वामीजी के मुख से यह सुनकर मुझे धन्यता का एहसास हुआ। मुझे ऐसा लगा कि मानो मुझे अपना घर मिल गया है। मैं हिमालय में लगभग डेढ़ साल तक रहा। इस दौरान मैंने लगभग ढाई हजार मील की यात्रा की। अंतिम यात्रा नेपाल की थी। वहाँ से लौटने के बाद मुझे लगा कि मेरे जीवन का हिमालयवाला अध्याय पूरा हो गया है। मैंने उस समय भी सेवाश्रम में जाकर स्वामीजी से मुलाकात की थी।

मेरे पास नागबेत की एक लाठी थी, जिसने मुझे हिमालय में कई बार गिरने से बचाया था। इस तरह की लाठियाँ उत्तर की ओर नहीं मिलतीं। मैंने वह मंगलौर से मँगवाई थी। यह जानते हुए भी कि अपनी इस्तेमाल की हुई चीज संन्यासियों को भेंटस्वरूप नहीं देनी चाहिए, पर फिर भी मैंने यह लाठी स्वामीजी को भेंट में दे दी थी और उस शिष्यवत्सल संन्यासी ने बड़े प्रेम से उसे स्वीकार भी कर लिया। उनके हाथ में मेरी लाठी देने की हिम्मत न हुई, इसीलिए मैंने उसे उनके कमरे में एक कोने में रख दिया।

बात यहीं समाप्त नहीं हुई। कई वर्ष बाद मैं कलकत्ता गया था। मैं गांधीजी के साथी के रूप में प्रख्यात भी हो चुका था। उस समय बेलूर मठ

में जाकर स्वामी विवेकानंद की समाधि को प्रणाम करने की सहज इच्छा हुई। उन दिनों स्वामी ब्रह्मानंदजी वहीं थे। मैं उनसे मिलने के लिए गया, तब उन्होंने तुरंत पहचान लिया और बोले, 'आपकी दी हुई लाठी अब भी मेरे पास है। बहुत अच्छी लाठी है।'

उन्होंने श्रीरामकृष्ण परमहंस के कुछ वचन इकट्‌ठा करके एक पुस्तक प्रकाशित की थी। उन्होंने उसकी एक प्रति मुझे भेंट में दी। जब भी मुझे उनका स्मरण होता है, तब तीर्थस्थान जैसी प्रसन्नता महसूस होती है। श्रीरामकृष्ण परमहंस के प्रत्यक्ष सान्निध्य में रहकर और उन्हीं के मार्गदर्शन में जिन्होंने साधना की, ऐसे स्वामी ब्रह्मानंद जैसे सत्पुरुष के परिचय में मैं आ सका—यह मैं अपना बड़ा सौभाग्य समझता हूँ।''

जब काका साहब नेपाल की यात्रा करके ऋषिकेश लौटे तो वहाँ वे स्वर्गाश्रम में रहने लगे। हजारों मील की यात्रा के कारण थकान से उनका शरीर चकनाचूर हो गया था। कमजोरी के कारण उनकी तबीयत खराब रहने लगी थी। उनके निवास स्थान के निकट ही केदारनाथ नामक एक साधक रहते थे। उनसे काका साहब की हालत देखी न गई। अत: बड़ी तन्मयता से उन्होंने काका साहब की सेवा-सुश्रूषा की। इस अवधि में दोनों के बीच गहरी मित्रता हो गई, जिसके अटूट बंधन में वे जीवन भर बँधे रहे।

तबीयत में कोई सुधार न देख काका साहब केदारनाथ के साथ देहरादून आ गए। यहाँ का वातावरण उन्हें भाया और डॉक्टरी प्रबंध भी यहाँ बहुत अच्छा था। अत: धीरे-धीरे उनकी तबीयत सुधरने लगी। इसी बीच उन्होंने रवींद्रनाथ टैगोर द्वारा रचित 'गीतांजलि' पढ़ी जिसमें उन्हें बहुत प्रभावित किया। वे तुरंत रवींद्रनाथ टैगोर से मिलने के लिए उद्यत हो उठे। और वे शांति निकेतन की ओर चल पड़े।

काका साहब रात के समय शांति निकेतन पहुँचे। अगले दिन उनके बीच बातचीत का दौर शुरू हुआ। काका साहब रवींद्रनाथ टैगोर के व्यक्तित्व से बड़े प्रभावित थे। उन्होंने रवींद्रनाथ टैगोर से बड़ी उत्सुकतापूर्वक पूछा, ''कृपया मुझे अपने आध्यात्मिक अनुभव के बारे में कुछ बताएँ।''

इस पर रवींद्रनाथ टैगोर मुसकराते हुए बोले, ''लोग मुझे गुरुदेव के नाम से संबोधित करते हैं, पर मेरा गुरु में विश्वास नहीं है। मैं इससे सहमत नहीं हूँ कि आध्यात्मिक मार्ग में कोई किसी का गुरु बन सकता है। अध्यात्म तो वह क्षेत्र है, जिसमें हर किसी को अपना मार्ग स्वयं ही तय करना पड़ता है। मेरी साधना एक कवि की साधना है। मैं मायावादी नहीं हूँ। मेरे लिए संपूर्ण सृष्टि ही सत्य है।''

रवींद्रनाथ टैगोर के वचनों से काका साहब बहुत प्रभावित हुए। उन्होंने रवींद्रनाथ टैगोर के बारे में जैसी कल्पना की थी, वे उससे भी अधिक दिखाई दिए। साक्षात् भेंट कर उन्हें बड़ी प्रसन्नता हुई। शांति निकेतन से जाने के बाद उन्होंने रवींद्रनाथ टैगोर को एक पत्र लिखा, जिसमें लिखा था—

''मैं 'मॉडर्न रिव्यू' के चिंतक रवींद्रनाथ से पहले से ही परिचित था। उसके बाद 'गीतांजलि' के द्रष्टा कवि रवींद्रनाथ से मेरा परिचय हुआ। मैं शांति निकेतन में आपसे मिलकर शिक्षाशास्त्री रवींद्रनाथ को पहचान सका। मैं एक शिक्षक हूँ। मैंने शिक्षा के अपने ढंग के अनेक प्रयोग किए हैं। आपकी संस्था में कुछ महीने रहकर आपके शिक्षा संबंधी प्रयोगों का आंतर-बाह्य अनुभव करने की अब मुझमें इच्छा जाग्रत् हुई है। क्या आप मुझे अपनी संस्था में लेंगे? एक बात स्पष्ट करना चाहता हूँ कि मैं इतना धनवान नहीं हूँ कि मैं अपना खर्च स्वयं ही उठा सकूँ और इतना गरीब भी नहीं हूँ कि मैं आपसे वेतन माँग लूँ। आप मुझे विद्यार्थियों के बीच रहने की और खाने-पीने की सुविधा उपलब्ध कर दीजिए। बस, फिर जो भी काम आप मुझे देंगे, मैं करता रहूँगा।''

प्रत्युत्तर में रवींद्रनाथ टैगोर ने उन्हें शांति निकेतन आने का आमंत्रण भेजा। आमंत्रण मिलते ही वे शांति निकेतन पहुँच गए। शांति निकेतन का वातावरण पूरी तरह से स्वतंत्र था। यहाँ उन्होंने छात्रों को अंग्रेजी पढ़ाना शुरू किया। उन्हें बांग्ला भाषा नहीं आती थी, लेकिन धीरे-धीरे वे उससे भी परिचित हो गए। बांग्ला में उन्होंने सबसे पहले रवींद्रनाथ टैगोर की अनेक बांग्लाभाषी कविताओं का अध्ययन किया। इस बारे में उन्होंने लिखा है—

''कोई जीवनोपासक कवि ही इस तरह का काव्य लिख सकता है। रवींद्रनाथ का पिंड ही जीवनोपासक है। वे प्रभु को जीवनदेवता के रूप में पहचानते हैं। जीवनद्रोह को वे प्रभुद्रोह मानते हैं। जीवन प्रभु की कृति है, प्रभु की लीला है। प्रभु स्वयं को जीवन के द्वारा ही अनंत रूप में प्रकट करता है। सृष्टि में जो रूप, रस, गंध, प्रकाश, नाद और कर्म का लाभ है, वह सब प्रभु की ही लीला है। उसे पहचानकर उसके अंदर प्रकट होते जीवन स्वामी को पहचानना यही रवींद्रनाथ की जीवन-साधना है। जीवन के न तो विभाग हो सकते हैं और न ही हम जीवन से विमुख हो सकते हैं।''

रवींद्रनाथ टैगोर की अनेक कविताओं को पढ़ने के बाद काका साहब ने उनकी कहानियों को भी पढ़ा। कहानियों को पढ़ने के बाद काका साहब को पता चला कि रवींद्रनाथ एक उच्च कोटि के कवि होने के साथ-साथ एक उच्चस्तरीय कथाकार भी हैं। इस विषय में उन्होंने लिखा है—

''अगर रवींद्रनाथ कवि न होते तो भी कथाकार के रूप में उनका नाम साहित्य समाज में अमर हो जाता। फिर उपन्यास हाथ में लिये। 'गोरा' उनका वृहत् उपन्यास है। रवींद्रनाथ की बड़ी कोई अन्य रचना नहीं है। फिर भी इसमें रसहानि नहीं हो पाती। हिंदू और ब्रह्म कुटुंब में उच्च और सामान्य आदर्शों का भेद वे कितनी सूक्ष्मता के साथ दिखा सकते हैं।

गौरमोहन की माँ आनंदमयी के चरित्र की ओर उनका विशेष ध्यान गया। हिंदू धर्म का रहस्य बड़े-बड़े शास्त्र तक न समझा सके, बड़े-बड़े ग्रंथ तक न वर्णन कर सके, लेकिन रवींद्रनाथ ने आनंदमयी के चरित्र के द्वारा कितनी सरलता से समझा दिया है। 'चोखेरबाली' पढ़ा तो लगा कि भारतीय उपन्यास साहित्य में यह अद्वितीय है। 'नौका डूबी' में तो उन्हें रामायण के आदर्श पात्रों की सुंदरता की झाँकी दिखाई दी। 'नौका डूबी' का एक-एक पात्र प्रेममय है। नीलिमा का प्रेम स्वाभाविक है तो कमल का दिव्य है। रमेश का नीतियुक्त है तो कमलनयन का नीति की भूमिका से भी उम्दा है। चक्रवर्ती बाबू समाज में सात्त्विक प्रेम के प्रतीक हैं तो अक्षय कुमार का प्रेम राजसी है। योगेश का जल्दबाज है तो उमेश का देवदूतों के समान है।''

रवींद्रनाथ टैगोर की रचनाओं के अध्ययन से काका साहब के भीतर जो साहित्यकार छिपा बैठा था, वह धीरे-धीरे प्रकट होने लगा। शांति निकेतन उन्हें अपने घर की तरह लगता था। यहाँ के वातावरण में घुल-मिल गए थे। अपने मृदुल व शांत व्यवहार के कारण वे छात्रों के बीच ही नहीं, बल्कि शिक्षकों के बीच भी बहुत लोकप्रिय हो गए थे।

□

गांधीजी से परिचय

शांति निकेतन में काका साहब को अनेक प्रकार के अनुभव हुए। दीनबंधु सी.एफ. एंड्रयूज, पियर्सन और संतोष मजूमदार जैसे लोगों से उनकी मुलाकात हुई। शांति निकेतन में आना उनके लिए बहुत बड़ी बात थी और इससे भी बड़ी बात थी यहाँ गांधीजी से मुलाकात करना। जब वे सन् 1908 में बेलगाँव के गणेश विद्यालय में अध्यापक थे, तब पहली बार उन्होंने गांधीजी के बारे में सुना था। उस समय गांधीजी दक्षिण अफ्रीका में थे।

इंदौर के एक सज्जन व्यक्ति थे—भाई कोतवाल। वे काका साहब के मित्र थे। जब वे दक्षिण अफ्रीका में थे तो कुछ समय उन्होंने गांधीजी के आश्रम में व्यतीत किया था। वहाँ रहकर उन्होंने गांधीजी की गतिविधियों को बड़ी निकटता से देखा था। अत: जब वे भारत वापस लौटे तो उन्होंने काका साहब को गांधीजी के बारे में बताया। अनेक लोगों के मुख से गांधीजी के व्यक्तित्व की चर्चा सुनकर काका साहब को उनसे मिलने की तीव्र इच्छा हुई। हालाँकि अभी गांधीजी से मिलना उनके लिए संभव न था, लेकिन वे उन लोगों से अवश्य मिले जो गांधीजी के अनुयायी-सहयोगी थे।

शांति निकेतन में गांधीजी के 'फिनिक्स आश्रम' के कुछ सदस्य आकर रहने लगे थे। कुछ दिनों तक उनका रहन-सहन देखने के बाद काका साहब उनके आश्रम में चले गए। इस आश्रम की कमान गांधीजी के निकटतम साथी मगनलाल गांधी के हाथों में थी। 'कालेलकर अभिनंदन ग्रंथ' में फिनिक्स आश्रम के सदस्य रहे प्रभुदास गांधी के संस्मरण का वर्णन इस प्रकार है—

"हमारी पढ़ाई का सिलसिला दक्षिण अफ्रीका में सत्याग्रह आंदोलन के दौरान बीच-बीच में टूट जाता था। फिर वहाँ उच्च कोटि के शिक्षकों में, जिनकी गिनती की जा सके, ऐसे कोई भी विद्वान् नहीं थे। बापूजी जब पढ़ाते थे, तब ऐसा लगता था कि हमारी पढ़ाई अच्छी तरह से चल रही है। हाँ, जब दूसरे पढ़ाते थे, तब पुस्तकें तो पढ़ी जाती थीं, कुछ लिखना-पढ़ना भी होता था, लेकिन यही महसूस होता था कि पढ़ाई में कुछ अधूरा-अधूरा रह जाता है। हिंदुस्तान में लौटेंगे तो एक-से-एक विद्वानों से सीखने को मिलेगा, ऐसी श्रद्धा बनी हुई थी।

...यह सुना था कि हिंदुस्तान में इतने बड़े-बड़े विद्वान् हैं कि यहाँ दक्षिण अफ्रीका में बैठकर उनकी कल्पना भी नहीं की जा सकती। फिनिक्स में सुनी हुई बातों ने इतने गहरे संस्कार जमा कर दिए थे कि वाकई जब दक्षिण अफ्रीका से हम भारत लौटे, तब गुरुकुल काँगड़ी में और बाद में शांति निकेतन में हम बड़ी ही आतुरता से बड़े शिक्षकों को ढूँढ़ने के प्रयास में लग गए। शांति निकेतन में हम छोटे-बड़े सभी शिक्षकों के पास बड़ी श्रद्धा और जिज्ञासा से बैठते थे। वे जो भी पढ़ाते थे, उसे अच्छी तरह से हृदय में बैठाने का प्रयास करते थे। जिन शिक्षकों की विद्वता और महत्ता का प्रभाव हम पर पड़ता, उनके अधिकाधिक निकट जाने के हमारे प्रयास भी बढ़ जाते। हम सभी छोटे-बड़े सुबह से शाम तक जितना नया कुछ सीख सकते थे, वह सीखने के प्रयास में रहते।

मैं सबसे पहले चिंतामणि शास्त्री की ओर आकृष्ट हुआ। उनके मीठे भजन सुनकर और काम करते-करते व हँसते-खेलते संस्कृत पढ़ाने की उनकी कला को देखकर मुझे लगा कि अब हमें सच्चे शिक्षक मिल गए हैं। इनसे कुछ सीख पाएँगे तो हमारी गिनती भी पढ़े-लिखे लोगों में होगी। कोई एक-दो महीने हम उनके जादू के प्रभाव में रहे होंगे। उसके बाद न जाने कब वे हमारे मन से खिसक गए और काका साहब ने हमारे मन पर अधिकार कर लिया।

याद करता हूँ तो लगता है कि काका साहब शांति निकेतन में आए, उससे पाँच-सात दिन पहले ही शास्त्रीजी ने हमें बताया कि उनके एक मित्र

आनेवाले हैं, जिन्होंने देश भर की अनेक यात्राएँ की हैं। वे हिमालय तक हो आए हैं और बड़े ही विद्वान् हैं। मेरी बातों से उनकी बातों में आप लोगों को अधिक मजा आएगा, लेकिन शास्त्रीजी की बात पर मुझे विश्वास नहीं हुआ; क्योंकि वे अकसर मजाक किया करते थे। हम उनके आसपास लगे रहते थे, इसीलिए हमसे बचने के लिए वे हमें चकमा भी दे देते थे।

एक दिन हमारे बीच एक मेहमान आए। उनकी मुख-मुद्रा कुछ गंभीर सी, दाढ़ी भरी हुई, गोरा-गेहुँआ वर्ण, कम विनोदी और शास्त्रीजी से काफी चतुर-चपल—ऐसे थे यह मेहमान। शांति निकेतन में हमारा पड़ाव अलग सा था। हमारा खाना-पीना, लिखना-पढ़ना सब कुछ मगन काका की देख-रेख में चलता था। हम सभी बातों में अलग ढंग के थे।

अनेक लोग हमें देखने और हमारे रहन-सहन की जाँच-पड़ताल करने के लिए आते और दो-चार सवाल पूछकर चले जाते, लेकिन यह मेहमान हमारे बीच ही आकर रहने लगे और हमारी प्रार्थना में आकर बैठने लगे। यही नहीं, जब हम रसोई करने बैठते, तब वे रसोई में हमारी मदद भी करते। हम कुदाली लेकर एक टीला खोदने चले जाते, तब वे भी कुदाली लेकर हमारे साथ जाते··· शास्त्रीजी की तरह उन्हें बीच-बीच में संस्कृत के श्लोक उद्धृत करने की आदत नहीं थी। हम बच्चों के साथ मजाक तो क्या, वे ज्यादा बातें भी नहीं करते थे। हाँ, बीच-बीच में प्रश्न पूछकर जवाब देना हमारे लिए मुश्किल बना देते थे।

मैंने देखा कि मगन काका उनके प्रति बहुत आदर दिखाते हैं। आम पर तौर मगन काका को किसी से बातें करने की आदत नहीं थी, लेकिन इनके साथ वे रसोई करते समय, कुदाली चलाते समय, प्रार्थना के बाद व प्रार्थना के पहले लगातार चर्चा करते रहते थे। उनकी बातें खत्म ही नहीं होती थीं। शुरू-शुरू के दस-पंद्रह दिन उन्हें किस नाम से पुकारें, यह हमारे बीच तय नहीं हो पाया था। शास्त्रीजी के मित्र, दक्षिण के पंडितजी और हिमालयवाले भाई हम उन्हें ऐसे ही नामों से पुकारने लगे थे। बाद में उन्होंने स्वयं कहा, 'मुझे आप काका कहें। अपने मित्रों के बीच में मैं काका कहलाया जाता हूँ।' मगन काका ने यह स्वीकार कर लिया और फिर हम सब उन्हें काका कहने लगे।

एक दिन दोपहर के चार बजे हम गेहूँ बीनने बैठे थे, तब हमें किसी ने बताया कि आज हमें काका शाम की प्रार्थना के बाद अपनी हिमालय की यात्रा की बातें सुनानेवाले हैं। मैं अधीर हो उठा। उस दिन प्रार्थना में मैंने उनके सामने ही अपना आसन जमा लिया। प्रार्थना पूरी हुई और उनका वर्णन शुरू हुआ। मैंने उनका एक-एक शब्द एकाग्रता से सुना। जैसे-जैसे सुनता गया, हिमालय की अद्‌भुत सृष्टि का सजीव चित्र मेरी दृष्टि के सामने खड़ा होता गया। आठ-दस दिन तक यह सिलसिला चलता रहा। जैसे-जैसे सुनता रहा, वैसे-वैसे वर्णन करनेवाले काका के प्रति मेरी श्रद्धा ड्योढ़ी होती गई। मुझे वे साहस की प्रतिमूर्ति प्रतीत होने लगे।

सुबह से शाम जब भी अवसर मिलता तो मैं उनके पास पहुँच जाता और आज शाम वे किस विषय पर बोलनेवाले हैं, इसकी तलाश करता रहता। काका साहब की बातों में मुझे ही रस आता था, ऐसी बात नहीं थी। हिमालय की व्याख्यानमाला पूरी होने के बाद उनसे कुछ नया सुनने का हम सबका आग्रह बढ़ गया। मगन काका ने तो सुबह-शाम की प्रार्थना का संचालन उन्हें ही सौंप दिया। शाम की प्रार्थना से स्थितप्रज्ञ के श्लोक बोले जाते थे और एकाध भजन भी गाया जाता था।

सुबह की प्रार्थना निश्चित नहीं हुई थी। काका साहब ने शाम की प्रार्थना के हरेक श्लोक के हरेक चरण की ह्रस्व-दीर्घ की हमारी गलतियाँ समझा दीं और हमारे उच्चारण भी सुधार दिए। सुबह की प्रार्थना में प्रात:स्मरण के श्लोक, फिर लक्ष्मी, सरस्वती, गणपति, विष्णु और शंकर—इस प्रकार तीस-चालीस नए श्लोक चलाकर उनके द्वारा हिंदू धर्म का सर्वतोन्मुखी स्वरूप हमें समझा दिया। हिंदू धर्म कितना विशाल है और कितना महान् है, यह हमें पहली बार ही मालूम हुआ···।''

शांति निकेतन के सौहार्द्रपूर्ण वातावरण में काका साहब को रोज कुछ-न-कुछ नया सीखने को मिलता। जब गांधीजी द्वारा लिखित 'हिंद स्वराज' का अध्ययन किया तो वे भारतीयता की उस सच्चाई से अवगत हुए, जिससे वे अभी तक अनभिज्ञ थे।

आखिरकार वह दिन आ ही गया, जिसका काका साहब को बड़ी बेसब्री से इंतजार था। 17 फरवरी को गांधीजी पत्नी कस्तूरबा के साथ शांति निकेतन आए। उनके आने से शांति निकेतन में मानो उत्सव की लहर दौड़ गई। जिसे भी देखो, वही प्रसन्नचित्त दिखाई देता था और काका साहब की खुशी का तो कोई ठिकाना ही नहीं था। उन्होंने कई मुद्दों पर गांधीजी के साथ चर्चा की। जो भी प्रश्न काका साहब करते, गांधीजी उसका उत्तर बड़े धैर्य व आत्मविश्वास से देते। इस विषय में काका साहब के विचार कुछ इस प्रकार हैं—

"यह तो मेरे ध्यान में आ ही गया कि आप उनके उत्तरों से सहमत हों या न हों, लेकिन उन्होंने जीवन के सभी प्रश्नों का मौलिक चिंतन किया है। प्रथम परिचय में ही उनके प्रचंड आत्मविश्वास की ओर मेरा ध्यान गया। जब वे बोलते थे तो अपने विचार बिल्कुल स्पष्ट शब्दों में और निश्चय के साथ कह देते थे। अपने बारे में उनमें कतई अभिमान नहीं था और न ही उनमें झूठा विनयभाव था। उनकी बातें कभी-कभी चुभती थीं, लेकिन दूसरे ही क्षण मन में विचार आता—इनमें चुभने की क्या बात है? सीधी बात वे साफ-साफ शब्दों में बता देते हैं। उनसे बातें करते-करते और एक गहरी छाप मन पर पड़ी कि वैज्ञानिक लोग प्रत्यक्ष अनुभव और ठोस दलील के बिना कुछ नहीं करते। गांधीजी में भी यही खूबी दिखाई पड़ती थी। फिर भी उनमें चंद बातें ऐसी थीं, जो गहरी श्रद्धा की थीं।

इस दुनिया का रोजमर्रा का अनुभव चाहे कुछ भी हो और कैसा भी हो, लेकिन उनका विश्वास जरा भी विचलित नहीं हो सकता था। अनन्य भक्त जिस तरह गुरुवचन पर अनन्य श्रद्धा रखते हैं, उसी तरह चंद बातों में उनका अनन्य, अविचल और दृढ विश्वास था। अत: संभवत: प्रथम दर्शन में ही मुझे लगा कि यह आदमी इस दुनिया का नहीं है। किसी दैवीय दुनिया से कुछ समय के लिए इस दुनिया में आया है।

गांधीजी अपने आसपास की दुनिया से बिल्कुल अलिप्त नहीं थे, लेकिन उनकी निष्ठा उनके सत्यलोक के प्रति ही थी। इसी कारण दूसरों के मन पर

उनकी बातों का अनजाने में ही प्रभाव पड़ता था। दूसरों की राय समझने के लिए वे हमेशा तैयार रहते थे और तैयार ही नहीं, बल्कि आतुर भी रहते थे, लेकिन अपनी सत्य-निष्ठा को सँभालकर ही। सत्य की अवमानना करके कहीं भी किसी भी तरह का समझौता करना उनके लिए असंभव था।''

गांधीजी स्वभाव से बड़े नम्र थे। वे अपने साथियों के साथ कंधे-से-कंधा मिलाकर काम करना अधिक पसंद करते थे। जब वे शांति निकेतन में आए थे तो उसके अगले दिन ही वे अपने फिनिक्स आश्रमवाले साथियों के साथ मजदूरी करने चले गए। हालाँकि ऐसा करने से उन्हें बहुत मना किया गया, लेकिन उन्होंने कहा कि उनके पास खाली समय था, जिसे उन्होंने सदुपयोग में लगा दिया।

शांति निकेतन में काका साहब के लिए किसी भी चीज का कोई अभाव नहीं था। उनके लिए सबसे बड़ी बात यही थी कि यहाँ उन्हें अच्छे लोगों का साथ मिला था। जितने प्रभावित वे गांधीजी के व्यक्तित्व से थे, उतने ही प्रभावित वे रवींद्रनाथ टैगोर के व्यक्तित्व से भी थे। गांधीजी के व्यक्तित्व के बारे में उन्होंने अपने विचारों को इस प्रकार व्यक्त किया है—

''गांधीजी के व्यक्तित्व की मोहिनी सर्वोच्च कलाभिरुचि को संतोष प्रदान करनेवाली थी। केवल संतोष प्रदान करके रुकनेवाली ही नहीं, बल्कि लेनेवाले की क्षमता के अनुसार उतने ही प्रमाण में दीक्षा भी देनेवाली थी। मैंने आठ दिन तक उनसे बहस की और बहस ही नहीं, एक तरह से हुज्जत चलाई। इस हुज्जत के कारण नहीं, बल्कि उनकी बातचीत, उनका बरताव, उनका उठना-बैठना और खान-पान सबका निरीक्षण करने के बाद यकीन हो गया कि यह आदमी एक युगपुरुष है। अत: व्यापक अर्थ में जीवन-कलाधर है। वे राजनीतिज्ञ हैं, दार्शनिक भी हैं, धर्म जिज्ञासु भी हैं, लोकनेता हैं और कुछ सनकी भी हैं—इन सबके अलावा इस युग के सबसे लोकोत्तर जीवन-कलाधर हैं, ऐसा ही मुझे प्रतीत हुआ। कलाधर के जीवन में संगीत होना चाहिए, सामंजस्य होना चाहिए, प्रमाणबद्धता होनी चाहिए, व्याकरण होना चाहिए।

हर एक के साथ बातचीत करते, अपना काम करते, मुँह धोते, सब्जी

काटते, कपड़ों की परत ठीक करते—हर एक बात में उनकी प्रमाणबद्धता देखकर मैं उनके प्रति एक असाधारण कलात्मक आकर्षण अनुभव करने लगा। जीवन कलाधर हर एक वस्तु के और व्यक्ति के अंदर ही आत्मा को पकड़ लेता है। गांधीजी चतुर थे, इसीलिए लोगों के दोष तो आसानी से पकड़ ही सकते थे, लेकिन उनकी एक और अन्य विशेषता भी थी—जो भी उनके संपर्क में आता, वह कहाँ तक ऊँचा चढ़ सकेगा, इसका अंदाजा वे लगा सकते थे। उनकी यह विशेषता ध्यान में आते ही मैंने मन-ही-मन में कहा कि यह आदमी मिट्टी के ढेलों से शूरवीर और साधनावीर निर्मित करेगा। यह मानवता का निर्माता है।''

ईसाई मिशनरियों का कार्य उस समय बड़े जोर से चल रहा था। वे तरह-तरह के लालच देकर और डरा-धमकाकर लोगों को ईसाई धर्म में शामिल कर रहे थे। काका साहब को यह देखकर बड़ा दुःख होता था। वे इन ईसाई मिशनरियों को किसी खतरनाक शत्रु से कम नहीं मानते थे।

शांति निकेतन में सी.एफ. एंड्रयूज नामक एक अंग्रेज व्यक्ति भी रहते थे। शांति निकेतन के अन्य सदस्य उन्हें संदेह की दृष्टि से देखते थे। काका साहब भी इस भावना से अछूते नहीं रहे थे। इस तरह सभी लोग यह मानते थे कि भले ही एंड्रयूज भारत के हित की बातें करते हों, लेकिन हैं तो इंग्लैंड के ही। यह सब उनका दिखावा है और वे एक अंग्रेज होने के नाते केवल इंग्लैंड के हित के बारे में ही सोच सकते हैं।

एक दिन काका साहब ने गांधीजी से बातचीत के दौरान कहा, ''एंड्रयूज चूँकि एक अंग्रेज हैं तो यह स्वाभाविक है कि वे केवल इंग्लैंड का भला चाहते हैं, न कि भारत का। आप चाहे उन्हें जो समझें, लेकिन वे हमारे तो बिल्कुल नहीं हैं।''

''हाँ, तो इसमें गलत है भी क्या?'' गांधीजी बोले, ''वे अंग्रेज हैं, तो इंग्लैंड का भला अवश्य ही चाहेंगे।''

काका साहब को गांधीजी से इस प्रकार के उत्तर की अपेक्षा नहीं थी। यह सुनकर उनकी आँखें फटी-की-फटी रह गई थीं। वे बोले, ''एंड्रयूज ने

आपको केवल अपना भारत-हित का ही रूप दिखाया है, लेकिन वे जैसा दिखाई देते हैं, ऐसे वे हैं नहीं। मेरे विचार से तो वे एक जाली आदमी हैं।''

''नहीं, मेरा अनुभव तो यह नहीं कहता।'' गांधीजी मुसकराते हुए बोले, ''मेरे विचार से वे एक भले आदमी हैं। मैं भी लोगों को पहचानने का दावा करता हूँ और कोई मुझे आसानी से धोखा नहीं दे सकता। इंग्लैंड भारत पर जो अन्याय करता है, वह उनसे देखा नहीं जाता। यही कारण है कि वे प्रायश्चित्त के रूप में भारत की सेवा करते हैं। फिर आपका जो आरोप है, उसके लिए आप सबूत पेश करें।''

गांधीजी से सबूत की बात सुनकर काका साहब ने कुछ सबूत पेश किए, लेकिन वे सब निराधार सिद्ध हुए। इसके बाद गांधीजी ने शांति निकेतन के सभी लोगों को इकट्‌ठा किया और उन्हें संबोधित करते हुए कहा कि आप सभी ने एंड्रूयूज के बारे में जो नकारात्मक सोच पाल रखी है, वह गलत है। मैं एंड्रूयूज को बहुत अच्छी तरह जानता हूँ। मेरा मानना है कि जितने बड़े वे मानवता के पुजारी हैं, विश्व में शायद ही कोई दूसरा हो। इसके बाद एंड्रूयूज के बारे में शांति निकेतन के सभी सदस्यों की सोच बदल गई। उन्हें आत्मग्लानि का अनुभव हुआ। अपने हृदय-परिवर्तन के बारे में काका के विचार इस प्रकार हैं—

''मुझे एक नई दृष्टि मिली। मैं एंड्रूयूज के अधिकाधिक नजदीक आ गया और जैसे-जैसे मेरा उनसे परिचय बढ़ता गया, वैसे-वैसे उनके चरित्र की खुशबू से परिचित होता गया। वे बहुत ही भोले स्वभाव के थे। बड़े भुलक्कड़ भी थे। उनमें जो श्रेष्ठता थी, ख्रिस्त-भक्ति के कारण उनमें आई थी। सनातनी रूढ़िवादी ख्रिस्ती उन्हें नास्तिक मानते थे। उनके हाथों एंड्रूयूज ने बहुत कुछ सहा है और सहन करके ही वे ऊँचे उठे हैं। उनका हृदय मातृ-हृदय जैसा था।

एक दिन बात-बात में उन्होंने मुझसे कहा, 'मुझे भारत का नेता या गुरु नहीं बनना है। मैं अंग्रेज हूँ। बस नम्र सेवक बनकर ही भारत की सच्ची सेवा कर सकता हूँ। मैं ऐसे अंग्रेजों को जानता हूँ, जो भारत में आकर लोगों के गुरु या नेता बन गए हैं और लोगों को उपदेश देते हैं। मुझे उनकी तरह काम

नहीं करना है। भारत का उद्धार तो केवल भारत के ही लोगों द्वारा होगा। उद्धार का रास्ता वे अपने आप ढूँढ़ लेंगे। मुझसे जो भी उनकी सेवा बन सकेगी, मैं करता रहूँगा। इसी में अपना संतोष मानूँगा।'

मेरे मन में जो कलुष था, वह इस बात से निकल गया। मेरा दिल साफ हो गया और मैं एंड्रयूज को दुनिया के श्रेष्ठ पुरुषों में गिनने लगा। जैसे-जैसे मेरा उनसे परिचय बढ़ता गया, वैसे-वैसे उनके प्रति मेरा आदर भी बढ़ता गया। उन्होंने मुझे अपनी एक पुस्तक दी थी—'दि क्रीड ऑफ ख्राइस्ट'। यह बड़ी ही सुंदर पुस्तक है। जब भी मैंने वह अपने हाथों में ली, मुझे उनका पावन सत्संग मिला।''

काका साहब के मन में एंड्रयूज को लेकर जो नकारात्मक विचार थे, वे दूर हो गए थे। अब वे उन्हें भारत के सच्चे हितैषी के रूप में देखने लगे थे।

बंगाल में विशेष रूप से चावल अधिक खाया जाता है। एक दिन काका साहब ने विचार किया कि भोजन में चावल की अपेक्षा गेहूँ की रोटी की अधिकता होनी चाहिए। इसके लिए उन्होंने शांति निकेतन में 'भोजन सुधार मंडल' की स्थापना भी कर दी। गांधीजी को यह देखकर खुशी हुई कि सभी अपने हाथ से रसोई बनाते थे। उन्होंने काका साहब से कहा कि क्यों न ऐसे स्वावलंबी कार्य को शांति निकेतन के बाहर भी फैलाया जाए। जब अन्य लोगों को गांधीजी की इस बात का पता चला कि सभी स्वावलंबन के आदर्श का पालन करते हुए मिल-जुलकर काम करें तो वे बड़ी मुसीबत में पड़ गए, पर कोई कर भी क्या सकता था। अत: सभी नौकरों को अवकाश दे दिया गया और उसी दिन से स्वावलंबन के आदर्श का पालन किया जाने लगा, जिसकी जिम्मेदारी काका साहब के कंधों पर डाल दी गई।

चिंतामणि शास्त्री को काका साहब की स्वावलंबनवाली योजना रास न आई और उन्होंने काका साहब से साफ-साफ कह दिया कि आप बंगाली नहीं, बल्कि एक महाराष्ट्रवासी हैं और आप संस्था के व्यवस्थापकों में से भी नहीं, बल्कि एक मेहमान हैं। अत: आपका इस तरह संस्था के कार्यों में दखलअंदाजी करना बंगालियों को कतई पसंद नहीं है। उनका इतना कहना

था कि काका साहब को बड़ा दुःख हुआ। उस दिन वे चैन से सो भी नहीं पाए। अंततः उन्होंने फैसला कर लिया कि अब वे शांति निकेतन में नहीं रहेंगे। इस तरह रवींद्रनाथ टैगोर से मुलाकात करने व उनकी आज्ञा लेने के बाद उन्होंने शांति निकेतन से विदा ली।

गांधीजी को इस बात का पता चल चुका था कि काका साहब ने शांति निकेतन छोड़ दिया है। अतः उन्होंने काका साहब से कहा—''जब मैं आश्रम खोलूँगा तो आप वहाँ आकर रहिएगा और मुझे काम करते देखिएगा। तुम्हें पता हो तो अहिंसा वह एकमात्र रास्ता है, जिससे स्वराज्य प्राप्त किया जा सकता है। अतः यदि आपको अहिंसा उचित लगे तो आप मेरे साथ रहिएगा, अन्यथा आप स्वतंत्र हैं।'' उनके इस वक्तव्य पर काका साहब ने अपनी स्वीकृति दे दी।

गांधीजी का जितना भी सान्निध्य काका साहब को मिला था, उससे उनका व्यक्तित्व और निखर गया था। गांधीजी से परिचय उनके मार्गदर्शक के रूप में परिलक्षित हुआ था।

□

जुगतरामभाई से भेंट

शांति निकेतन से विदा लेने के बाद काका साहब ने आचार्य कृपलानी के साथ ब्रह्मदेश की यात्रा की। वहाँ की प्राकृतिक छटा ने उन्हें बहुत प्रभावित किया। कई दिनों तक वे वहाँ रहे और फिर लौट आए। इसके बाद कृपलानीजी के निवेदन पर काका साहब उनके आश्रम 'ब्रह्मचर्याश्रम' में आ गए।

ब्रह्मचर्याश्रम की जिम्मेदारी डॉक्टर चोइथराम गिडवाणी के कंधों पर थी। वे सरकारी जेल में डॉक्टर के रूप में कार्यरत थे और शेष जो समय मिलता था, उसे वे आश्रम की सेवा में लगाते थे। वे सिंध के लोगों के बीच बहुत लोकप्रिय थे। जब काका साहब यहाँ आए तो उनके बीच पहले ही दिन से काफी अच्छा तालमेल बन गया था।

यह आश्रम कोटरी नामक गाँव में स्थित था। अत: प्लेग की महामारी ने जब इस गाँव को अपनी चपेट में ले लिया तो फिर इस आश्रम को वहाँ से सक्कर नामक जगह पर ले जाना पड़ा। इसी दौरान काका साहब शाहपुर आ गए।

शाहपुर में काका साहब के सगे-संबंधी यह मान बैठे थे कि अब काका साहब वापस नहीं लौटेंगे, लेकिन काकी को यह पूरा विश्वास था कि वे अवश्य लौटकर आएँगे। जब वे लौटकर आए तो सभी को आश्चर्य हो रहा था, लेकिन किसी ने भी उनसे यह नहीं पूछा कि उनके इस तरह घर से दूर रहने का कारण क्या था। खैर, वे अपने परिवार के बीच लौट आए थे।

कुछ समय बाद काका साहब सयाजीपुरा नामक गाँव में केशवराव देशपांडे के पास आ गए। केशवरावजी ने किसानों व ग्वालों के लिए एक सहकारी संस्था 'कोऑपरेटिव सोसायटी' की स्थापना की थी। इसी बीच काका साहब की मुलाकात जुगतरामभाई से हुई। दोनों को एक-दूसरे से मिलकर बड़ी प्रसन्नता हुई। जुगतरामभाई ने 'मेरी जीवनकथा' में लिखा है—

''मैं बड़ौदा आ गया और काका साहब का पता ढूँढ़ निकाला, लेकिन इतने विशाल सरकारवाड़े में किस सीढ़ी के ऊपर चढ़ें, यह समझ में नहीं आया। एक सीढ़ी सामने दिखाई दी, वह चढ़कर ऊपर आ गया तो काकी के रसोईघर में पहुँचा। एक अपरिचित व्यक्ति को सीधे रसोईघर में देखकर पता नहीं काकी को क्या लगा। स्वामी की चिट्ठी के प्रताप से काका साहब के परिवार में मेरा घर के ही एक सदस्य के रूप में स्वागत हुआ।

काका साहब के दो बेटे शंकर व बाल और तीसरा गिरधारी—इन तीनों से मेरी 'घाटी' मराठी में मजाक करना, रसोईघर में काकी को रोटियाँ बेलने में मदद करना और काका साहब के विशाल पुस्तकालय में से पुस्तक चुनकर पढ़ना ही मेरा मुख्य कार्यक्रम था। घर के तीन बाल गुरुओं के कारण, काका साहब के पुस्तकालय की मराठी पुस्तकों के कारण और घर में जो मराठी दैनिक आया करती थी, उनके वाचन के कारण मेरी घाटी मराठी तेजी से सुधरती गई और मजबूत भी हुई...बंगाली भी सीख ली।

राजनैतिक दृष्टि से मैं अब तक निर्दोष जीवन ही जी रहा था। यहाँ काका साहब के पीछे खुफिया पुलिस का ताँता लगा हुआ था। मुझसे भी वे कभी-कभी मिलते और खबरें पूछते। इस पार्श्वभूमि में मेरे जैसे एक अपरिचित को घर में रखना काका साहब के लिए कितना कठिन था, इस विषय में जब मैं सोचता हूँ तो लगता है कि काका साहब का दिल बहुत बड़ा था, इसीलिए उन्होंने मुझे अपने घर में रहने दिया। इससे भी अधिक मुझे इस बात का अनुभव हुआ कि काका साहब और स्वामी का संबंध काफी एकात्मकता से भरा हुआ था।

काका साहब के यहाँ बीच-बीच में सयाजीपुरा के साहब (केशवराव

देशपांडे) आते रहते थे और काका साहब भी अकसर उनके यहाँ जाया करते थे। एक आदरणीय पूज्य व्यक्ति के रूप में ही सब उनकी ओर देखते थे। मालूम हुआ कि उन्होंने सयाजीपुरा में हनुमानजी का एक मंदिर बनवाया है और वे एक अच्छे पुजारी की खोज में हैं, जो मंदिर को धर्म-संस्कार का एक जिंदा केंद्र बना सकें…।

काका साहब आत्मोद्धार नामक एक समसामयिक के लिए लिखते थे। इन दिनों उन्होंने एक लेख लिखा था, जिसमें उन्होंने यह प्रतिपादित किया था कि हर गाँव में ग्रामदेवता का एक मंदिर होना चाहिए और वह धर्म, संस्कार तथा शिक्षा का केंद्र बनना चाहिए। मुझे उन्होंने यह लेख पढ़कर सुनाया था और उनकी यह योजना मुझे बहुत पसंद आई थी।

काका साहब ने 'साहब' से बातें कीं और उनकी प्रेरणा से मैं सयाजीपुरा में जाकर रहने के लिए तैयार हो गया। दूसरे दिन से मैंने हनुमान-पूजा का काम सँभाल लिया। धीरे-धीरे मैंने इन रबारियों की झोंपड़ियों में जाना शुरू कर दिया। ये लोग अलग-अलग स्थानों से यहाँ आए थे। कोई मेहसाणा बनासकाँठा की ओर के थे तो कोई सोरठ के चारण थे। इन चारणों की महिलाओं की जबान पर सरस्वती का वास है। उनकी वाणी बहुत ही मधुर और काव्यमय होती है। मैं बीच में उन्हें रामायण की कथा भी सुनाने लगा।"

जब जुगतरामभाई ने रामायण का पाठ करना आरंभ किया तो लोग उनकी ओर खिंचे आने लगे। अभी तक काका साहब लोगों को अपनी ओर आकृष्ट करने में असफल रहे थे, लेकिन जुगतरामभाई को इस काम में बड़ी सफलता मिली थी और इससे काका साहब को बड़ी खुशी हुई। अब काका साहब और जुगतरामभाई के बीच घनिष्ठता और बढ़ गई थी। वे जो भी कार्य करते तो उसमें अवश्य ही एक-दूसरे की सलाह लेते थे। बाद में काका साहब ने उनके बारे में कहा भी कि जुगतरामभाई में तत्त्व का आकलन बड़ा ही सुंदर है और यही वास्तविकता भी थी।

□

देशसेवा की भावना

अहमदाबाद के निकट कोचरब नामक गाँव में जीवणलाल नामक एक धनी व्यक्ति का काफी बड़ा बँगला था। गांधीजी ने उनका यह बँगला किराए पर ले लिया और वहाँ आश्रम खोल दिया। गांधीजी को आश्रम-जीवन का अच्छा-खासा अनुभव था, क्योंकि दक्षिण अफ्रीका में वे आश्रम चला चुके थे। उन्होंने शीघ्र ही आश्रम के नियम व उद्‍देश्यों से संबंधित एक पुस्तिका तैयार की और उसे अपने परिचितों के बीच वितरित कर दिया। काका साहब को भी यह पुस्तिका मिली। अत: लगभग एक महीने तक वे इस आश्रम में रहे। हालाँकि वे इस आश्रम में भरती नहीं हो सके, लेकिन बाहरी तौर पर वे आश्रम को अपनी सेवाएँ देते रहे।

एक दिन गांधीजी के बड़े पुत्र हरिलाल ने काका साहब से पूछा, ''काका, हमने शांति निकेतन में साथ-साथ ही काफी समय बिताया। हमारा विचार था कि जब हम आश्रम खोलेंगे तो सबसे पहले आप आश्रम में आएँगे, लेकिन बड़े आश्चर्य की बात है कि आप अभी तक आश्रम में शामिल नहीं हुए।''

''आपका कहना उचित है।'' काका साहब बोले, ''शायद आप यह नहीं जानते कि मैं बापूजी से मिलने से पहले केशवरावजी के पास काम करता था, जो बड़ौदा के सयाजीपुरा में ग्रामसेवा का कार्य करते हैं। उन्हें कार्यकर्ताओं की आवश्यकता है। अत: ऐसी स्थिति में मैं उन्हें कैसे छोड़ सकता हूँ?''

काका साहब का उत्तर सुनकर हरिलाल चुप हो गए।

कुछ समय बाद गांधीजी ने केशवरावजी को पत्र लिखा, ''मुझे नहीं

लगता कि आप काका का कोई विशेष उपयोग कर पाते हैं। मुझे काका की सेवा की बहुत आवश्यकता है। कुछ समय पहले ही मैंने आश्रम शुरू किया है और अभी मैं चंपारण जा रहा हूँ। यदि आप उन्हें मेरे आश्रम में भेज देंगे तो बड़ी प्रसन्नता होगी।''

केशवराव ने गांधीजी की बात स्वीकार कर ली। इस तरह काका साहब कोचरब आश्रम में आ गए। आश्रम की व्यवस्था से काका साहब बहुत प्रभावित हुए। गांधीजी के साथ रहकर उन्होंने अनेक बातें सीखीं। काका साहब का प्रार्थना में दृढ विश्वास था। अत: नियमित रूप से नियत समय पर प्रार्थना अवश्य किया करते थे। जब प्रार्थना पूरी हो जाती तो भजन भी किया जाता था।

चूँकि कोचरब आश्रम को किराए पर चलाया जाता था, इसीलिए यह निश्चय किया गया कि अब इसे अपनी ही जमीन पर चलाया जाए। इसके लिए गांधीजी, काका साहब, डॉक्टर प्राणजीवन मेहता आदि लोगों ने अहमदाबाद में साबरमती के किनारे कुछ जमीन देखी और आपसी सलाह के बाद वहाँ आश्रम के लिए जमीन खरीद ली। कुछ दिनों के बाद कोचरब आश्रम साबरमती आश्रम में परिवर्तित हो गया। इसी बीच गांधीजी ने आश्रम की ओर से शुरू की गई पाठशाला के शिक्षकों के सामने अपने विचार प्रस्तुत किए, जिसका वर्णन 'सत्याग्रह आश्रम का इतिहास : गांधीजी' नामक पुस्तक में इस प्रकार है—

''मैं लड़के-लड़कियों को एक साथ ही शिक्षा देने के पक्ष में हूँ। प्रत्येक लड़के और लड़की की रुचि देखकर ही उसे कोई काम सौंपा जाए। शारीरिक श्रम को शिक्षा का अंग माना जाए और यह काम शिक्षक की देखरेख में ही चलाया जाए। उनसे काम लेते समय उसके कारण की जानकारी उन्हें दे दी जाए। जब लड़का और लड़की समझने लगें, तभी उन्हें साधारण ज्ञान मौखिक रूप से देना चाहिए। उनका ज्ञान पढ़ाई-लिखाई से पहले शुरू होना चाहिए।

अक्षर-ज्ञान को सुंदर लेखन-कला का अंग समझकर पहले बच्चों को भूमिति की आकृतियाँ खींचना सिखाना चाहिए, यानी उन्हें शुरू से ही शुद्ध अक्षर लिखना सिखाया जाना चाहिए। लिखने से पहले बच्चा पढ़ना सीखे। अक्षरों को चित्र समझकर उन्हें पहचानना सीखें और फिर चित्र खिंचवाएँ।

इस ढंग से जो बच्चा सीखेगा और मुँह से ज्ञान पाएगा, वह आठ वर्ष के अंदर अपनी ताकत के अनुसार बहुत ज्ञान प्राप्त कर सकेगा।

बचपन आठ साल तक ही माना जाए। बच्चों को जबरदस्ती कुछ भी न सिखाया जाए। वे जो भी पढ़ें, उनमें उन्हें रस आना ही चाहिए। उन्हें पढ़ाई खेल जैसी लगनी चाहिए। खेल भी शिक्षा का आवश्यक अंग है। शिक्षा मातृभाषा के माध्यम से होनी चाहिए। राष्ट्रभाषा के तौर पर उन्हें हिंदी-उर्दू का ज्ञान दिया जाना चाहिए। उसका आरंभ लिखाई-पढ़ाई से पहले होना चाहिए। धार्मिक शिक्षा आवश्यक मानी जाए, लेकिन वह पुस्तक से नहीं, बल्कि शिक्षक के आचरण से और उसी के मुख से मिले।

नौ से सोलह वर्ष का दूसरा काल है। इस काल में भी लड़के-लड़कियों की शिक्षा साथ-साथ हो। इस काल में बच्चों को हिंदू हों तो संस्कृत और मुसलमान हों तो अरबी का ज्ञान दिया जाना चाहिए। इस काल में भी शारीरिक काम होगा, लेकिन पढ़ाई-लिखाई का समय आवश्यकतानुसार बढ़ाना चाहिए। इस काल में माँ-बाप का धंधा निश्चित हो तो बच्चों को वह सिखाया जाए। सोलह वर्ष तक उनको दुनिया के इतिहास, भूगोल, वनस्पति-शास्त्र, गणित, ज्योतिष, भूमिति और बीजगणित का साधारण ज्ञान होना चाहिए। सोलह साल के लड़के-लड़कियों को सीना-पिरोना और रसोई बनाना आना चाहिए।

सोलह से पच्चीस तक का तीसरा काल है। इस काल में हर एक युवक और युवती को उसकी इच्छा और हालत के अनुसार शिक्षा मिलनी चाहिए। नौ वर्ष के बाद की शिक्षा स्वावलंबी होनी चाहिए अर्थात् विद्यार्थी पढ़ते समय ऐसे उद्योगों में लगें, जिससे पाठशाला का खर्च निकले।''

जब आश्रम को कोचरब से साबरमती स्थानांतरित किया गया तो उस समय अनेक कठिनाइयों का सामना करना पड़ा। सामान के रखने की कोई उचित व्यवस्था नहीं थी। वह इधर-उधर बिखरा पड़ा रहता था। जो खाना पकाकर तैयार करके रख दिया जाता, उसे जरा सी चूक होते ही कुत्ते खराब कर जाते। उनके लिए यह समस्या अधिक गंभीर थी। इस विषय में काका साहब ने लिखा है—

''मराठी में एक कहावत है कि सेवा करनेवाला कोई तैयार हो जाए तो सेवा लेनेवाला कोई-न-कोई मिल ही जाता है। गांधीजी ने जब साबरमती के किनारे आश्रम खोला तो अपरिग्रह का व्रत लिए हुए आश्रमवासियों को छोटे-बड़े परिग्रह से मुक्त करने के लिए पहले चोर आने लगे। शांति, सुव्यवस्था और कानून की रक्षा करने का जिनका कर्तव्य है, उन लोगों ने छारा नामक एक जरायपेशा जाति के लोगों को आश्रम के पास ही ला बसाया। उनके उपद्रव से हम काफी परेशान हुए।

…फिर पता नहीं किसकी साजिश से अनेकानेक लावारिस कुत्ते आने लगे। रात के समय उन्हें अपने पूर्वजों की याद आती होगी। दस बजे के लगभग वे बहुत जोरों से रोते थे। दिन में हिम्मत के साथ हमारे रसोईघर में घुस जाते। धर्मशास्त्र में कुत्तों को अपवित्र माना गया है, लेकिन मनुष्य के हृदय में जो स्वाभाविक और सरल दयाधर्म है, उसने कुत्तों को खिलाने में बड़ा पुण्य बताया है। इस तरह आश्रम के परिवार कुत्तों को खिलाने लगे। फिर तो उनकी संख्या भी बढ़ गई और हिम्मत भी।

इस सवाल का हल निकालने के लिए हमारी एक सभा बैठी। मैंने सुझाया—इन्हें खाने को मिलता है, इसीलिए वे आते हैं। इन्हें खिलाना हम बंद कर दें। यह सुझाव सभी को पसंद आया, लेकिन अमल में नहीं आया। फिर से जब समिति बैठी, तब मैंने नया प्रस्ताव रखा कि हर एक परिवार एक-एक कुत्ते को अपनाए और उसी को खिलाए। इससे अपनाए हुए कुत्ते आर्य बनेंगे और वे स्वयं अनार्य कुत्तों को भगा देंगे।

मेरा यह प्रस्ताव भी सभी को पसंद आया, लेकिन फिर भी यह कार्यान्वित नहीं हो सका। तीसरी सभा में मैंने तीसरा प्रस्ताव पेश किया। हम कुत्तों को एक कतार में जंजीरों से बाँधकर रखें और खिलाएँ। यह प्रस्ताव किसी को नहीं जँचा। इसके बाद की सभा में मैंने उद्विग्न होकर कहा, 'आप प्रस्ताव पास करते हैं लेकिन अमल में नहीं लाते, तब तो मैं इन कुत्तों को मरवा डालूँगा। सारा पाप अपने सिर पर लेकर इन्हें समाप्त कर डालूँगा।'

चारों ओर से चिल्लाहट सुनाई दी। हाय…हाय…यह आप क्या कर रहे

हैं ! हम अहिंसावादी हैं, कुत्तों को कैसे मार सकते हैं ? फिर सभा हुई तो मैंने कहा कि कुत्तों की परेशानी तो है ही। फिर भी जो परिस्थिति है, उसे मान्य करके सहन करने का निश्चय करें। यह प्रस्ताव किसी को भी अच्छा नहीं लगा। फिर तो मैंने श्वानांतक-निवारिणी सभा में जाना ही बंद कर दिया।''

आरंभ में तो आश्रम की पाठशाला में आश्रमवासियों के बच्चे ही पढ़ते थे, लेकिन जब व्यवस्था हुई तो फिर बाहरी छात्रों को भी पढ़ाया जाने लगा। शिक्षक और छात्र सभी एक-दूसरे के प्रति समर्पित थे। जब भी किसी समय किसी छात्र को कोई समस्या होती तो वह छात्र शिक्षक के घर पहुँच जाता था और शिक्षक भी बिना किसी हिचकिचाहट के उसकी समस्या का समाधान करते थे।

छात्रों को केवल शिक्षा ही नहीं दी जाती थी, बल्कि उन्हें घरेलू कार्यप्रणाली भी सिखाई जाती थी, जैसे—बरतन धोना, कपड़े धोना, रोटी बनाना आदि। इन सभी कार्यों को शिक्षा का मुख्य व आवश्यक अंग माना गया था। प्रभुदास गांधी ने लिखा है—

''हम शांति निकेतन से हरिद्वार गए। उस समय काका साहब हमारे साथ नहीं थे। वे हमसे कब अलग हुए, याद नहीं। कई महीनों के बाद कोचरब आश्रम में उनके दर्शन हुए। यह खबर मिलते ही कि वे पधारे हैं, मैं दौड़ता हुआ उनके पास पहुँचा। अब वे शांति निकेतन के साहब नहीं थे। उनकी भरी हुई दाढ़ी अब सफाचट हो गई थी। वे शांति निकेतन में जैसे सौम्य आनंदी से दिखाई देते थे, वैसे यहाँ नहीं थे। यहाँ के बच्चों से बहुत कम बोलते थे। अधिकांश समय अखबार या कुछ और पढ़ा करते थे। वे बड़ों के साथ ही अधिक बैठते थे और ज्यादा चरखाखोर बन गए थे। फिर वे हमारी राष्ट्रीय शाला के आचार्य बन गए। उनके अलावा किशोर लालभाई, नरहरिभाई, अप्पा, विनोबा जैसे धुरंधर शिक्षक हमें राष्ट्रीय शिक्षा का दुग्धपान कराने लगे।

जब बापू यात्राओं से लौटकर कुछ दिन आश्रम में रुक जाते, तब महादेव भाई भी हमारी कक्षा लेते। कभी मेहमान के रूप में आए हुए दीनबंधु एंड्रूयूज भी हमें पढ़ाते। सबके बीच राष्ट्रीय शाला की पतवार मुख्यतः काका साहब

के ही हाथों में थी। अनेक नियम बनते और अधिकारी नियुक्त होते। अंत में काका साहब जो चाहते थे, वही होता था। हमारे देश की बड़ी-बड़ी शिक्षा संस्थाओं में उनके अध्यापकों का परिचय उनकी बड़ी-बड़ी डिग्रियों से ही कराया जाता है; जैसे वह डबल एम.ए. हैं, वह अमरीका से पी-एच.डी. किए हुए हैं या वह ऑक्सफॉर्ड से हैं या विद्यावचस्पति हैं—इस तरह।

साबरमती की शाला के अध्यापकों को पहचानने की हमारी रीति अलग ही थी। कौन से शिक्षक गीता के कौन से अध्याय के हैं—यह मेरी दृष्टि से उनका परिचय था। बापूजी तीसरे अध्याय के, महादेवभाई ग्यारहवें, किशोरलालभाई पाँचवें और छठे अध्याय के और काका साहब सोलहवें अध्याय के—इस तरह हमने तय किया था। यही इन लोगों की डिग्रियाँ थीं। इनमें भी दूसरों का ध्यान कभी-कभी दूसरे अध्यायों पर जाता था। काका साहब तो सोलहवें अध्याय में ही रचे-पचे रहते। सोलहवें अध्याय को हम सीख लें और उसका अनुसरण करें, इसके लिए काका साहब प्रारंभ के दिनों में कितनी मेहनत करते थे।

हम गेहूँ बीनने बैठते थे और उसमें से कंकड़ निकालकर फेंक देते थे, उसी तरह मन से भी कंकड़ चुन-चुनकर निकाल देने के लिए काका साहब हमें प्रोत्साहित करते थे। हम धीरे-धीरे अधिक-से-अधिक गंभीरता से उनकी बातें सुनने लगे थे, मुझे इतना तो याद है।''

काका साहब को गुजराती भाषा नहीं आती थी, जबकि आश्रम और पाठशाला का अधिकांश कार्य गुजराती में ही होता था। अत: काका साहब ने गुजराती सीखना आरंभ कर दिया। धीरे-धीरे नियमित अभ्यास करने से वे गुजराती लिखना व बोलना सीख गए। अब उन्होंने अपनी हिमालय की यात्रा के किस्से छात्रों को गुजराती में सुनाने शुरू कर दिए। कम समय में उनके धाराप्रवाह गुजराती बोलने से सभी आश्चर्यचकित थे।

पाठशाला का यह नियम था कि छात्रों के साथ किसी प्रकार की कोई मारपीट नहीं की जा सकती थी और न ही किसी छात्र को दूसरे छात्र के सम्मुख नीचा दिखाया जा सकता था। हाँ, यदि कोई छात्र अनुशासन का

पालन नहीं करता था तो ऐसे में उसे अवश्य ही डाँटा जाता था। यहाँ स्त्रियों की शिक्षा की ओर भी विशेष ध्यान दिया जाता था। गांधीजी स्त्रियों के प्रति इतने जागरूक थे कि वे स्वयं उन्हें पढ़ाते थे। इस विषय में उन्होंने 'सत्याग्रह आश्रम का इतिहास' में लिखा है—

"मेरा विचार है कि शिक्षा के प्रयोगों में आश्रम को अधिक-से-अधिक सफलता स्त्रियों के परिप्रेक्ष्य में मिली है। वह इस तरह कि जो स्वतंत्रता और आत्मविश्वास स्त्रियों में आया, वह उतने ही समय में और उसी वर्ग की स्त्रियों में कहीं दूसरी जगह देखने में नहीं आया। आश्रम में स्त्रियों पर ऐसा कोई अंकुश नहीं रखा गया, जो पुरुषों पर न रखा गया हो। स्त्रियों के मन में बराबरी का विचार आरंभ से ही ठूँस दिया जाता है। कार्यों में सभी को बराबर हिस्सा लेना पड़ता है। ऐसा अंतर नहीं रखा गया कि फलाँ कार्य स्त्री का ही है और पुरुष उसे करे ही नहीं।

रसोई का कार्य भी स्त्री-पुरुष दोनों का ही माना गया है। शरीर की जो मेहनत स्त्री नहीं कर सकती, उससे उसे स्वतंत्र रखा गया। इसके अलावा एक भी उद्योग ऐसा नहीं, जिसमें स्त्री-पुरुष दोनों ने साथ-साथ कार्य न किया हो। परदा और घूँघट जैसी कोई चीज आश्रम में है ही नहीं। आश्रम का वातावरण ऐसा रहा कि स्त्री कहीं से भी आई हो, उसे आश्रम में आते ही अलग तरह का और स्वतंत्र वातावरण महसूस होता है और वह अपने आपको निर्भय मानती है। मेरा विश्वास है कि इसमें ब्रह्मचर्य व्रत का बहुत बड़ा हाथ रहा है। बड़ी आयु की लड़कियाँ कुँवारी हैं। हम जानते हैं कि आश्रम का यह प्रयोग जोखिम से भरा हुआ है, लेकिन इस तरह के जोखिम के बिना स्त्रियों की उन्नति और उनकी जागृति असंभव है।"

गांधीजी का आदर्शवाद पर गहरा विश्वास था। एक दिन उन्होंने विचार किया कि यदि शिक्षा-कार्य को सुचारु रूप से चलाना है तो कुछ और योग्य शिक्षकों की आवश्यकता है, जो देशसेवा की भावना से ओतप्रोत हों और गुजर-बसर लायक वेतन में ही संतोष मानते हों, क्योंकि आश्रम में जो शिक्षक हैं, केवल उन्हीं के बल पर इस कार्य को नहीं सँभाला जा सकता। इस तरह

काफी सोच-विचार के बाद उन्होंने आश्रम को दो भागों में विभाजित कर दिया—एक, आश्रम-विभाग और दूसरा, शिक्षक-विभाग। शिक्षक-विभाग में महादेवभाई, छगनलाल गांधी, खरे, किशोरलालभाई आदि लोग रहते थे। बावजूद इसके, वे आश्रम के आदर्शों का ही अनुसरण करते थे। प्रत्येक व्यक्ति अपना कार्य स्वयं करता था। बाद में कुछ ऐसी बातें होने लगीं कि आश्रम-विभाग और शिक्षक-विभाग के सदस्यों के बीच मतभेद पैदा हो गए। काका साहब ने लिखा है—

"हमारे मन में एक-दूसरे के प्रति काफी आदर और आत्मीयता थी। हम जानते थे कि बाहर की दुनिया की अपेक्षा हम एक-दूसरे के काफी निकट हैं। हमारा प्रधान आदर्श एक है और गांधीजी के प्रति श्रद्धा, निष्ठा और भक्ति में हममें से कोई कम नहीं है। हममें स्वार्थ, मत्सर, ईर्ष्या या अधिकार-लालसा जरा सी भी नहीं थी। हमारा दोष बस इतना ही था कि हम अपने-अपने अनुभव और दृष्टिकोण के प्रति आग्रही थे। हममें अपने-अपने मत का इतना अभिनिवेश रहता था कि दिल बोल उठता था—मैं जो बात कह रहा हूँ, वह इतनी सीधी, सरल और लाभदायक है कि साथी को वह क्यों नहीं जँचती? जँचनी ही चाहिए। एक तरह से कहूँ तो अपने साथी को अपनी बात मैं जरूर समझा सकूँगा—यह विश्वास ही हमें गरम चर्चा की ओर ले जाता था। इस आग्रह में जितना आत्मविश्वास था, उतना ही साथी के प्रति विश्वास भी था कि समझाने पर वे समझ जाएँगे।"

आश्रम में यदि कोई गरमागरम बहस होती थी तो वह काका साहब और मगनलाल गांधी के बीच होती थी। इन दोनों के बीच होनेवाली बहस आश्रम में चर्चा का विषय बन गई थी। मगनलाल गांधी अनुशासनप्रिय व्यक्ति थे। उन्हें लगता था कि काका साहब अनुशासन से कार्य नहीं करते हैं, इसी बात को लेकर उनके बीच बहस हो जाया करती थी। केवल एक यही बात नहीं थी, बल्कि और भी कई बातें थीं, जो उनके बीच विवाद का कारण बन जाती थीं। इससे गांधीजी परेशान हो उठते थे। इस विषय में उन्होंने 'सत्याग्रह आश्रम का इतिहास' में लिखा है—

"बहुत कोशिश के बाद आश्रम-विभाग व शिक्षक-विभाग बनते ही ऊँच-नीच की भावना का जहर फैलने लगा। आश्रम-विभागवालों में घमंड पैदा हो गया। शिक्षक-विभाग इसे कैसे सहता? यह अभिमान आश्रम के उद्देश्य के विरुद्ध था, इसीलिए असत्य भी था। यदि पूर्ण ब्रह्मचर्य आवश्यक था तो विभाग भी आवश्यक था। मगर पूर्ण ब्रह्मचर्य की छापवालों में बड़प्पन मानने के लिए तो कोई कारण ही नहीं था। यह भी तो हो सकता है कि पूर्ण ब्रह्मचर्य पालन का दावा करनेवालों का मन यानी विचारों का रोज पतन होता हो और ब्रह्मचर्य का दावा न करनेवाले, लेकिन उसे पसंद करनेवाले रोज अपने प्रयास में ऊँचे उठते हों। बुद्धि यह सब समझती थी, लेकिन उस पर अमल करना सभी के लिए कठिन हो गया था।

गड़बड़ का एक कारण तो यह था, दूसरा और पैदा हो गया। शिक्षा के तरीके पर मतभेद पैदा हो गया और उससे आश्रम की व्यवस्था में कठिनाई आने लगी। बहुत बहसें हुईं, बड़े झगड़े हुए और दिल खट्टे हो गए। इतना होने पर भी अंत में सब शांत हो गए या यह कहिए कि एक-दूसरे को बरदाश्त करने लगे। इसमें मुझे आश्रम के मूल हेतु ही यानी सत्य की जीत मालूम हुई। मतभेदवालों के मन में मैल नहीं था और न ही किसी गंदी तिकड़म में पड़ते थे। जो भी भेद होते थे, उनके लिए दुःख होता था। जो सत्य है, उसी पर चलने की इच्छा थी। अपनी राय के हिसाब से सामनेवाले की दलीलें समझने में रुकावट होती थी, इसीलिए उद्वेग होता था। इसमें इस बात की परीक्षा हुई कि आश्रमवासियों में एक-दूसरे के लिए कितनी उदारता रहती है।"

ऐसा नहीं था कि काका साहब की बहस मगनलाल गांधी के साथ ही होती थी, मामा फड़के से भी कभी-कभार गरमागरम बहस हो जाती थी। फिर भी वे शीघ्र ही एक-दूसरे से हँसी-मजाक करने लगते थे। उनके बीच का यह संबंध देखकर अन्य आश्रमवासियों को बड़ा आश्चर्य होता था और विशेषकर मगनलाल गांधी को।

□

पहली जेल-यात्रा

गांधीजी स्वदेशी शिक्षा के पक्षधर थे। उनकी इच्छा थी कि गुजरात में शीघ्रातिशीघ्र 'विद्यापीठ' की स्थापना की जाए। अत: 18 अक्तूबर, 1920 को 'गुजरात विद्यापीठ' की स्थापना की गई। इस विद्यापीठ से गुजरात की अनेक प्रमुख शिक्षा संस्थाएँ भी जुड़ गईं। यह देश की पहली सरकारमुक्त यूनिवर्सिटी थी, जिसके पहले कुलपति पद का भार गांधीजी ने सँभाला था। जबकि काका साहब, किशोरलालभाई और नरहरिभाई ने मिलकर विद्यापीठ का संविधान तैयार किया। जब संविधान का प्रारूप गांधीजी के सामने प्रस्तुत किया गया तो उन्हें यह प्रारूप बहुत अच्छा लगा। संविधान के इस प्रारूप में कोई परिवर्तन नहीं किया गया और उसे उसी रूप में स्वीकार कर लिया गया।

गुजरात विद्यापीठ के अधिकतर संचालक गुजराती थे, लेकिन हैरानी की बात यह थी कि सभी ने विद्यापीठ में हिंदी भाषा के प्रयोग की सिफारिश की थी, जबकि काका साहब गुजराती के पक्ष में थे। हालाँकि बहुमत हिंदी के पक्ष में था, लेकिन बावजूद इसके काका साहब गुजराती के पक्ष में रहे। अंतत: मामला गांधीजी के सामने आया तो उन्होंने कहा कि जैसा काका साहब कहते हैं, वही उचित है। इस तरह विद्यापीठ में सबसे पहले गुजराती को तरजीह दी गई, फिर हिंदी को और फिर अंग्रेजी को।

जैसे ही विद्यापीठ का कार्य आरंभ हुआ, गांधीजी ने दिल्ली से असूदमल गिडवानी को बुलवा लिया और विद्यापीठ की बागडोर उनके हाथों में सौंप दी। विद्यापीठ को एक छोटा सा मकान किराए पर लेकर शुरू किया गया।

शुरुआत में विद्यापीठ में 50 से अधिक छात्रों ने प्रवेश लिया। ये सभी वे छात्र थे, जो सरकारी कॉलेजों को छोड़कर यहाँ आए थे।

विद्यापीठ में काका साहब छात्रों को कभी इतिहास पढ़ाते थे तो कभी अर्थशास्त्र पढ़ाते थे। उनके पढ़ाने का तरीका इतना सरल था कि छात्रों की समझ में बड़ी आसानी से आ जाता था। बाद में कुछ ऐसे मतभेद बने कि उन्होंने स्वयं को विद्यापीठ से अलग कर लिया और वापस आश्रम में लौट आए, लेकिन वे विद्यापीठ की नियामक समिति के सदस्य बने रहे।

सन् 1922 में गांधीजी को गिरफ्तार कर लिया गया और अदालती काररवाई के बाद उन्हें छह वर्ष की सजा सुनाई गई। काका और उनके साथियों के लिए यह बड़ी कठिन परिस्थिति थी।

गांधीजी ने अपने विचारों से लोगों को परिचित कराने के लिए दो साप्ताहिक पत्रिकाओं की शुरुआत की थी। इन पत्रिकाओं के नाम 'नवजीवन' और 'यंग इंडिया' थे। इन दोनों पत्रिकाओं का कार्यभार स्वामी आनंद के कंधों पर था। जब गांधीजी जेल चले गए तो उन्होंने वहाँ से नियमित रूप से पत्रिकाओं के लिए लिखना जारी रखा। जब कभी लेख के लिए मैटर की कमी दीखती तो स्वामी काका साहब से लेख लिखने के लिए कहते। धीरे-धीरे काका साहब और स्वामीजी के बीच एक अच्छी निरंतरता बन गई। 'नवजीवन' के लिए स्वामीजी को जहाँ काका साहब से पूरी सहायता मिली, वहीं 'यंग इंडिया' के लिए उन्हें चक्रवर्ती राजगोपालाचार्य की। कुछ समय के बाद स्वामीजी को भी गिरफ्तार कर लिया गया, जिससे 'नवजीवन' की पूरी जिम्मेदारी काका साहब के कंधों पर आ गिरी। इस तरह वे पत्रकारिता के क्षेत्र में कूद पड़े। पत्रकारिता के विषय में उनके विचार इस प्रकार थे—

"जब सोई हुई प्रजा जागने के लिए करवट बदलती है, तब पत्रकार का स्थान असाधारण महत्त्व का हो जाता है। उसकी जिम्मेदारियाँ बढ़ जाती हैं। जब प्रजा युयुत्सु बन जाती है, तब पत्रकार को योद्धा और सेनापति बनना पड़ता है। वह स्वयं क्षात्रधर्म की दीक्षा लेता है और वही दीक्षा वह प्रजा को भी देता है। जहाँ अन्याय दिखाई दे, दीन, दुर्बल और मूक लोगों पर जुल्म चलता रहे

तो वहाँ 'क्षतात्किल त्रायते' की अपनी प्रतिज्ञा का स्मरण करके वह जीवटता से कूद पड़ता है। ऐसे प्रसंग जब नहीं आते, तब पत्रकार विचार, जानकारी, संस्कार, अभिरुचि और आदर्शों का प्याऊ चलाकर समाजसेवक बन जाता है।

अज्ञान या अदूरदृष्टि के कारण जब लोग आपस में लड़ने लगते हैं, तब पत्रकार लोगों की दृष्टि शुद्ध करने की कोशिश में लग जाता है। समाज चक्र के पहिए एक राग भूलकर जब चीत्कार करने लगते हैं, तब पत्रकार योग्य स्थान पर स्नेह उड़ेलकर घर्षण दूर करता है और जब सरकार के सामने खड़े रहने के प्रसंग आते हैं, तब पत्रकार प्रजा के प्रतिनिधि का रूप लेकर लोकमत का संगठन करता है और लोकशक्ति को सचेत करता है। पत्रकार को एक साथ लोकसेवक, लोकप्रतिनिधि, लोकनायक और लोकगुरु की चतुर्विधि भूमिका निभानी पड़ती है।''

काका साहब ने अंग्रेजी अत्याचार के खिलाफ भी बड़ी निर्भीकता से लिखा। उस समय गरीब-वर्ग के लोगों को अंग्रेजों व जमींदार-वर्ग के शोषण का जिस प्रकार सामना करना पड़ता था, उसे उन्होंने अपने लेखों के माध्यम से प्रकट किया। गरीबों की कठिनाइयों का वर्णन करते हुए उन्होंने 'नवजीवन' में 2 जुलाई, 1922 को लिखा—

''गरीबी का इलाज गरीबी ही है। जहाँ करोड़ों लोगों को भूखा मरना पड़ता है, वहाँ हजारों ही नहीं, बल्कि लाखों नौजवानों को स्वेच्छा से गरीबी स्वीकार करनी होगी, धार्मिक वृत्ति से गरीबी धारण करनी होगी। अंग्रेजी शिक्षा के कारण हम इस मामले में बिल्कुल कायर बन गए हैं। हम लोगों को जितना मौत का डर नहीं, बेइज्जती का डर नहीं, धर्मद्रोह या देशद्रोह का डर नहीं—उतना गरीबी का डर है।

जिस देश में स्वेच्छा स्वीकृत गरीबी की प्रतिष्ठा सर्वोपरि थी, उसी देश में पढ़े-लिखे नौजवान कायरों की तरह गरीबी से भागते फिरते हैं। पूछते हैं कि हम अपने बाल-बच्चों का क्या करें ? जिस स्थिति में रहने की उन्हें आदत पड़ गई है, उस स्थिति में तो उन्हें रखना ही होगा। हमारे विचारों के कारण उन्हें कठिनाई सहनी पड़े, यह कहाँ तक मुनासिब है ? जी, जरूर मुनासिब

है। आपकी दृष्टि में आपकी बीवी और बच्चे ही सत्य हैं और जो भूखे मरते हैं, वे अपने करोड़ों भाई महज भ्रम है; माया है तो बात अलग है।

हमारी अपनी सफेदपोश आदत के कारण असंख्य गरीबों को भूखा मरना पड़ता है, क्या यह मुनासिब है? यह सवाल अपने आपसे क्यों नहीं पूछते? गरीबी में रहना पड़ेगा, इस डर से हममें कितनी पामरता आ गई है। कदम-कदम पर हमारा जो तेजोवध होता है, उसका कारण यह गरीबी का डर ही है। हम अन्याय सहन करते हैं, अपमान सहन करते हैं, अन्याय करने के लिए तैयार हो जाते हैं, आँखें बंद कर दूसरों के अन्याय में शरीक होते हैं और दिन-रात आत्मा का हनन करते हैं। इसका कारण गरीबी का यह डर ही है।

हमें अपनी स्त्रियों और बाल-बच्चों को आश्रित दशा में रखने की आदत पड़ गई है, इसलिए अज्ञात भविष्य में कूद पड़ने से हमें डर लगता है। सुरक्षितता जीवन की सड़न है। भविष्य के बारे में संदिग्धता नित्यनूतन युद्ध यही जीवन का सार है। जिसे यह रस चखने को नहीं मिला, वह दुर्भागी है। जिसका भविष्यकाल सुरक्षित है, उसमें धार्मिकता का रहना बहुत कठिन है। जो सुरक्षितता चाहता है, वह वस्तुतः नास्तिक है। जहाँ सुरक्षितता है, वहाँ पुरुषार्थ नहीं है। जो स्वेच्छापूर्वक गरीबी को स्वीकार करता है, वही वीर बन सकता है। अन्यायी आदमी को यह यमदूत जैसा जान पड़ता है। पीड़ित लोगों को वह कृपानिधि जैसा मालूम होता है। जबरदस्त सल्तनत के सामने वह सीना तानकर खड़ा रह सकता है।...गरीबी वीर की खुराक है, ईश्वर का प्रसाद है और धर्म का आधार है। ऐसे गरीबों की संख्या जब देश में बढ़ेगी, तभी गरीबी नष्ट होगी। आज भारत में गुजरात की जो प्रतिष्ठा है, वह गुजरात के व्यापार के कारण नहीं। गुजरात ने जो पैसा इकट्ठा किया है, उसके कारण नहीं, बल्कि गुजरात की प्रतिष्ठा इस कारण है, क्योंकि गुजरात के कुछ सुपुत्रों ने वीरधर्म को स्वीकार करके गरीबी धारण की है।''

अक्तूबर 1922 में अंग्रेज सरकार ने तीन हजार से अधिक अकाली सिखों को गिरफ्तार कर उन पर तरह-तरह के अत्याचार किए। इसी बारे में काका साहब ने 'नवजीवन' में 'बलिदान की महिमा' नामक शीर्षक से एक

लेख लिखा, जिससे सरकार ने उन पर राजद्रोह का अभियोग लगाया। उन्होंने इस लेख में लिखा था—

"बहादुर सिखों का संघर्ष चलता ही रहा है। अकाली सिख अपने खून से हिंदुस्तान के इतिहास में, संसार के इतिहास में कितने अध्याय लिख रहे हैं—हमें आज इसका पूरा खयाल नहीं है। दो धर्मों के बीच युद्ध हुए हैं। एक ओर स्वार्थ और दूसरी ओर धर्मबुद्धि, ऐसे भी युद्ध हैं। अब तक दुनिया के इतिहास में मिसाल नहीं है और ये नम्र धार्मिक लोग कौन हैं?

संकट के समय साम्राज्य को मजबूत करनेवाले और राज्यनिष्ठा को ही धर्म माननेवाले निष्ठावान क्षत्रिय। दुनिया के इतिहासकार लिखकर रखेंगे कि जर्मन लोगों के सामने भी पीछे न हटनेवाले, मशीनगन के और एयरोप्लेन के हमले हँसते-हँसते झेलनेवाले सिखों ने अहिंसा धर्म को अपनाकर नि:शस्त्र और निर्वेद बनकर अपने गुरु के बाग के अन्न छत्र के लिए मंदिर की ही लकड़ियाँ काटने का अपना अधिकार अख्तियार करने का जब आग्रह कायम रखा, तब उन्हीं सिखों की खुशामद करनेवाली सरकार के नीचे अधिकारियों ने उन पर जुल्म ढाए, कायरों को भी शर्म आ जाए, इस तरह उनके शरीर पर प्रहार किए। यही नहीं, अस्सी-अस्सी या सौ-सौ के जत्थों में उन्हें गिरफ्तार भी किया।

अंग्रेजों ने युद्ध में जो मनुष्यवध किया, उसकी दुनिया में प्रशंसा की गई। अमृतसर, मालावार, धारवाड़ और कलकत्ता में इस सरकार ने जो खून बहाया, उसकी यथासमय सरकार को क्षमा माँगनी होगी। बहादुर और धर्मवीर सिखों की दाढ़ी के बाल खींचने और उन्हें गालियाँ देने का जो नीच कृत्य अंग्रेज अधिकारियों ने किया, उसे भुलाना तो असंभव है और उसे क्षमा करना भी कठिन है।

एक-एक अकाली सिख पाँच-दस अधिकारियों को पराजित करने की शक्ति रखता है और मृत्यु तो मानो उसके लिए खेल है। इस तरह का वीर अपमान किस प्रकार सहन किया जाए? पर देश का विचार मन में रखकर पूरे भारतवर्ष को स्वराज्य दिलाने के लिए वह सारे अपमान सह लेता है। प्रत्येक

अकाली सिख का बलिदान हमारी एक जिम्मेदारी है। सिखों के बलिदान के लायक बनना हमारा सबसे बड़ा कर्तव्य है। अहिंसा की सार्वत्रिकता का और सार्वभौमत्व का उपदेश गुजरात के गांधीजी ने दिया। पर अहिंसा धर्म का पालन हर बहादुर के लिए संभव है—यह तो पंजाब के सिखों ने सिद्ध करके दिखा दिया है। अहिंसा धर्म की नसीहत देकर गांधीजी ने दुनिया पर जितना एहसान किया है, उतना ही एहसान सिख किसानों ने अहिंसा धर्म का पालन संभव है—यह सिद्ध करके दिखाया है।

दिनांक 24 नवंबर तक 3033 सिख सत्याग्रही जेल पहुँच गए। उन्हें गिरफ्तार करने का सत्र शुरू हुआ और इससे पहले उन्हें पीटने का सत्र शुरू हुआ था। उसमें जो घायल हुए उन 1500 सिखों की संख्या अलग ही है। इतना शांत, निर्भय और धार्मिक बलिदान संसार ने अब तक देखा नहीं था।''

काका साहब ने स्वदेशी आंदोलन के तहत विदेशी वस्तुओं की पिकेटिंग व बहिष्कार करना आरंभ कर दिया। इस पर कुछ लोगों ने उनसे शिकायत भरे अंदाज में कहा कि आप इस तरह से बहिष्कार कर अपने ही भारतीय भाइयों की खिलाफत करते हैं, जबकि इससे अंग्रेजों को कोई हानि नहीं होती। यदि आपको खिलाफत करनी ही है तो फिर सीधे-सीधे सरकार से कीजिए। उनकी यह बात सुनकर काका साहब ने 'नवजीवन' के अपने 'मुठभेड़' नामक शीर्षक में लिखा—

''हम असहयोग के कारण सरकार के सामने मुठभेड़ में आ ही गए हैं। यद्यपि जेल भर देना, कई कानूनों की अवज्ञा करना, राज्यतंत्र न चलने देना आदि इलाज फिलहाल हमने स्थगित कर दिए हैं और इसका कारण यह नहीं कि सरकार इन इलाजों के लायक नहीं है। सरकार ने अब तक प्रजा का जितना शोषण किया है, उतना भारत पर आक्रमण करनेवाले भारत को चूसकर उसका सर्वस्व लूटनेवाले किसी आततायी ने भी नहीं किया होगा। सशस्त्र बगावत में हजारों और लाखों लोगों को कत्ल करना, अहिंसक लोगों को पीटना और उनका अपमान करना—यह एक बड़ा प्रजा द्रोह है। देश के निर्दोष और धर्मनिष्ठ लोकनायकों को जेल में ठूँसकर उन्हें दुःख देना, सताना—यह

क्रूरता की पराकाष्ठा है व नीचता है। ऐसे दुष्कृत्यों के कारण ही यह सरकार दफनाने लायक सिद्ध हुई है। फिर भी आज हम उसके खिलाफ कड़ा कदम नहीं उठाते। इसका कारण यही है कि हमारी तैयारी पूरी नहीं हुई है। प्रजा को जितनी तैयारी करनी चाहिए, उतनी अभी नहीं है। दलीलों या व्याख्यानों से यह तैयारी होनेवाली नहीं है। सरकार के प्रति देश में पूरा असंतोष फैला हुआ है। इस सरकार को क्षमा करने के लिए बहुत ही कम लोग तैयार हैं। पर शस्त्र से या सत्याग्रह से सरकार को हतप्रभ करने के लिए जिस एकाग्रता की आवश्यकता है, वह हमने विकसित नहीं की है। यह एकाग्रता विकसित करने के लिए ही आज के हमारे सारे प्रयत्न हैं।''

अंग्रेज सरकार काका साहब के 'नवजीवन' में लिखे इन दोनों लेखों से बुरी तरह खफा थी। अत: जमानत के रूप में उसने काका साहब और संपादक, प्रकाशक व मुद्रक रामदासभाई गांधी से पाँच सौ रुपए की माँग की। जमानत की बात को लेकर काका साहब ने 'नवजीवन' में लिखा—

''ईश्वर के सामने प्रत्येक व्यक्ति गुनहगार है। छाती ठोककर कोई भी यह नहीं कह सकता कि उसका चाल-चलन निर्दोष है। मनुष्य की शक्ति के अनुसार अच्छे चाल-चलन के नियम समाज ने बनाए हैं, जिन्हें हम नीति या धर्म के नाम से पहचानते हैं। जब तक मनुष्य सामाजिक नीति को भंग नहीं करता, तब तक उसका चाल-चलन अच्छा माना जाता है। मनुष्य जब सदाचार छोड़ देता है, तभी समाज उसके सामने अपना असंतोष प्रकट करता है और आवश्यक हो तो उसे सजा भी देता है। इस तरह की सजा देने की शक्ति समाज के हाथ में हमेशा ही रहती है। पर हर काम कानून से ही करने की जिन्हें आदत पड़ गई है, ऐसे आधुनिक लोग सामाजिक शक्ति सरकार के हाथ में सौंप देते हैं। फलस्वरूप सामाजिक व नैतिक दबाव के बदले कानून का जंगली तंत्र अमल में आता है और मनुष्य जाति दिन-प्रतिदिन नीचे गिरती जाती है और जहाँ विदेशी सरकार होती है, प्रजाहित के विरुद्ध जाकर भी अपनी शक्ति मजबूत करने का आग्रह रखती है, वहाँ तो कानून प्रजा को दबाने का एक बड़ा माध्यम बन जाता है। यही नहीं, अच्छे-बुरे इन शब्दों के अर्थ

भी उलटे हो जाते हैं। अत्यंत नीच कृत्य के लिए इनाम दिए जाते हैं और शुद्ध व ईमानदार चाल-चलनवालों से जमानत माँगी जाती है। इस तरह का राज्य जहाँ चलता हो, वहाँ सरकार के इनाम लेने से इनकार करना जिस प्रकार भले और सभ्य मनुष्य का कर्तव्य है, उसी प्रकार सरकार द्वारा माँगी गई जमानत देने से इनकार करना भी हर एक भले और सभ्य आदमी का कर्तव्य है।''

इस संदर्भ में उन्होंने आगे लिखा—

''मुठभेड़वाले लेख में मैं जो कुछ भी कहना चाहता था, वह ठीक तरह से नहीं कह सका, अर्थात् व्यवस्थित रूप से स्पष्ट नहीं कर सका। मैं कहना चाहता था कि जुल्मी दफ्तरशाही केवल दो तरह से हतप्रभ हो सकती है—या तो शस्त्र बल से या फिर सत्याग्रह से। इन दो में से हमने चाहे जो रास्ता अपनाया हो, फिर भी उसके लिए एकाग्रता की आवश्कता है। बिना एकाग्रता के हम कामयाब नहीं हो सकते।

इन दो में से शस्त्र का मार्ग कई लोगों ने धार्मिक दृष्टि से त्याज्य माना है। दूसरे कइयों ने यह मार्ग हमारे लिए असंभव है, कहकर छोड़ दिया। कारण चाहे कोई भी हो, शस्त्र के मार्ग की आज तैयारी नहीं है, तब शेष रह जाता है केवल सत्याग्रह का मार्ग। उसमें एकाग्रता लाना हमारा राष्ट्रीय कर्तव्य है। सत्याग्रह का मार्ग चाहे धर्म के रूप में अपनाया गया हो, चाहे राजनीति के रूप में स्वीकार किया गया हो या कोई दूसरा मार्ग नहीं, इसलिए भी चाहे अपना लिया गया हो—पर एक बार उसे अपनाने पर शंका-कुशंकाएँ कर एकाग्रता को भंग करना राष्ट्र के प्रति भारी गुनाह है। अत: यदि हम एकाग्रता को कायम रखेंगे तो राष्ट्र का प्रमाण अपने आप कार्य करता रहेगा। प्रथम स्थानिक और प्रासंगिक कारणों को लेकर छोटी-बड़ी अड़चनें आती ही रहेंगी, पर अकाली लोगों की तरह जब सभी तालीम लेते रहेंगे, तब स्वराज्य का महायुद्ध अहिंसा के अपूर्व ढंग से शुरू हो जाएगा। उस समय कांग्रेस का अधिवेशन बुलाकर प्रस्ताव पास करने के लिए भी हमें फुरसत नहीं होगी। आज जो इतनी देर हो रही है, उसकी वजह यह नहीं है कि प्रजा का जोश धीमा पड़ गया है, बल्कि एकाग्रता टूट गई है—यही है। हमारे मार्ग में कई

शाखाएँ फूट निकली हैं। समझौते की चर्चाएँ जिस क्षण बंद हो जाएँगी, उसी क्षण हमारी शक्ति एकत्रित होने लगेगी, और सत्याग्रहियों को सरकार जैसे-जैसे दबाती रहेगी, वैसे-वैसे ढीले असहयोग और विधानसभावादी भी हमारे दल में शरीक होते जाएँगे।''

इस लेख के बाद उन्होंने 'अच्छे चाल-चलन' नामक शीर्षक से एक और लेख लिखा, जिसमें उन्होंने अपने विचारों को इस प्रकार व्यक्त किया—

''जहाँ राजा और प्रजा दोनों के बीच प्रेम और स्वार्थ-त्याग का वातावरण होता है, वहाँ राजा का अधिकार कितना और प्रजा का कितना—यह सवाल ही नहीं उपस्थित होता। राजा जब स्वार्थी और जुल्मी बन जाता है, तब प्रजा अपने राजा के बारे में सोचने लगती है और प्रजा राजा की सत्ता को मर्यादित करने की कोशिश करती है। प्रजा के अधिकारों की लड़ाई राजा के अच्छे चाल-चलन के लिए जमानत की माँग है। प्रजा जब कहती है कि हम स्वराज्य का अधिकार चाहते हैं, तब उसका सरल और सीधा मतलब यही होता है कि प्रजा राजा से उसके अच्छे चाल-चलन के लिए जमानत माँगती है।

जब अंग्रेज इस देश में आए, तब वे न्यायपूर्वक राज्य का संचालन करेंगे—यही उम्मीद यहाँ के लोगों ने रखी थी। अतः पुराने खानदानी संस्कारों के अनुसार इस सरकार से कौल-करार करने की आवश्यकता किसी को प्रतीत नहीं हुई। पर कंपनी सरकार के जुल्मों का अनुभव हुआ, तब प्रजा क्रुद्ध हो उठी और उसने बगावत की। फलस्वरूप, राजवंशी व्यक्ति को ईश्वर की और अपने खानदान की गवाही देकर ढिंढोरा पीटना पड़ा। इस ढिंढोरे का अर्थ प्रजा ने जो लगाया, उसी के अनुसार भारत का राज्य-कारोबार यदि चलता तो प्रजा सुखी हो जाती और सरकार का माँ-बाप पद अब तक कायम रहता। पर सरकार का चाल-चलन बिगड़ गया। राज्यकर्ताओं ने प्रजा को धोखा दिया। जुल्म बढ़ते गए। फिर एक के बाद एक लोकनेताओं का सरकार के चाल-चलन से विश्वास उठ गया।

अमृतसर की कांग्रेस में इसी प्रश्न को लेकर तिलक और गांधी के बीच बहस हुई थी। तिलक कहते थे कि अंग्रेज दफ्तरशाही बिल्कुल भी

विश्वसनीय नहीं है। उससे मोटी जमानत माँग लेनी चाहिए। गांधीजी कहते थे कि दफ्तरशाही बादशाह के मुँह से बोलती है, इसलिए और एक बार हम उस पर विश्वास करें। अपना चाल-चलन सुधारने का उनका विचार हो तो हम अपनी ओर से उसे पूरी मदद दें। अंत में गांधीजी को भी विश्वास हो गया कि यह दफ्तरशाही अपना चाल-चलन आसानी से सुधारनेवाली नहीं है। यही नहीं, पूरे-पूरे साम्राज्य के मंत्री खिलाफत के बारे में मुसलमानों को धोखा देने के लिए तैयार हो गए हैं। उनसे जमानत माँगे बिना अब कोई चारा ही नहीं रहा है। जिस समय सरकार सभी ओर से प्रजा का विश्वास खो बैठी हो, उसी समय वह हर किसी से अच्छे चाल-चलन की जमानत माँगती है, यह देखकर हँसी आती है।''

काका साहब को गिरफ्तार कर उन पर अदालत में मुकदमा चलाया गया और उन्हें एक वर्ष के कारावास की सजा दी गई। जेल की दुनिया में प्रवेश करते ही उन्होंने चिंतन-मनन करना आरंभ कर दिया। वे अधिकांश समय पुस्तकों का अध्ययन करते हुए बिताने लगे। फिर एक समय ऐसा भी आया कि एक धार्मिक पुस्तक को छोड़कर उनसे शेष सभी पुस्तकें छीन ली गईं। उनके पास जो धार्मिक पुस्तक थी, वह कुरान शरीफ थी। वास्तव में, इस घटना के पीछे एक अन्य कारण था—

खिलाफत आंदोलन के सिलसिले में मौलाना हुसैन अहमद मदनी को गिरफ्तार कर लिया गया था और उन्हें भी उसी जेल में रखा गया था, जिसमें काका साहब को रखा गया था। वे पक्के व सच्चे मुसलमान थे और नियमित रूप से खुदा की इबादत किया करते थे। जब भी वे नमाज पढ़ते थे तो उससे पहले अजान दिया करते थे। उनके ऐसा करने पर जेलवालों ने आपत्ति की और उन्हें ऐसा करने से मना कर दिया। इससे मौलाना मदनी ने उपवास करना शुरू कर दिया।

इस घटना की जानकारी काका साहब को मिली। ऐसे में वे भी शांत कैसे रह सकते थे। उनकी दृष्टि में इस तरह की किसी की धार्मिक भावना को ठेस पहुँचाना अन्याय था और अन्याय उन्हें बिल्कुल भी बरदाश्त नहीं था। अत:

इस बारे में उन्होंने जेलर से बातचीत की और उसे समझाने की कोशिश की, लेकिन जब जेलर ने उनकी एक न सुनी तो उन्होंने भी विरोधस्वरूप उपवास करना आरंभ कर दिया। अंततः मौलाना मदनी की बात को स्वीकार कर लिया गया और उन्हें जेल में अजान देने की अनुमति दे दी गई।

चूँकि जेल के नियमानुसार जेल में उपवास करना अपराध की श्रेणी में था, इसलिए मौलाना मदनी और काका साहब को सजा दी गई। सजा के रूप में काका साहब से सभी पुस्तकें छीन ली गईं और उन्हें केवल एक धार्मिक पुस्तक रखने की अनुमति दी गई। अतः धार्मिक पुस्तक के रूप में उन्होंने मौलाना मदनी से कुरान शरीफ ले ली और उसका नियमित रूप से अध्ययन करने लगे। बाद में, उन्हें सभी प्रकार की पुस्तकों को पढ़ने की छूट दे दी गई।

काका साहब को जेल में आए लगभग 10 महीने हो गए थे। उन्हें एक वर्ष की सजा सुनाई गई थी, लेकिन इस अवधि से दो महीने पहले ही 1 फरवरी, 1924 को उन्हें रिहा कर दिया। जैसे ही वे रिहा हुए, उनके साथियों के बीच खुशी की लहर दौड़ गई। जेल से बाहर आते ही वे फिर अपने साथियों के साथ क्रांतिकारी गतिविधियों में व्यस्त हो गए।

□

स्वदेशी की भावना

काका साहब की रिहाई के चार दिन बाद यानी 5 फरवरी, 1924 को गांधीजी को भी रिहा कर दिया गया। अब तक काका साहब एक उच्च कोटि के लेखक व पत्रकार के रूप में अपनी पहचान बना चुके थे और इससे भी अलग उनकी एक विशेष पहचान गांधीजी के साथी के रूप में बन चुकी थी। गुजरात में लोगों के बीच उनकी लोकप्रियता गांधीजी से कम नहीं थी।

मई 1924 में बोरसद में 'गुजरात राजनीतिक परिषद्' का सातवाँ अधिवेशन होनेवाला था और इस अधिवेशन की अध्यक्षता के लिए काका साहब का नाम सुझाया गया। सभी ने अध्यक्ष पद के लिए उनका नाम स्वीकार कर लिया, लेकिन फिर भी उन्होंने अपना तर्क प्रस्तुत करते हुए कहा कि वे परिषद् के अगले अधिवेशन तक अध्यक्ष बने नहीं रहना चाहते। हाँ, तीन दिन तक चलनेवाले अधिवेशन तक ही वे इस पद पर बने रह सकते हैं और शेष कार्य सरदार वल्लभभाई पटेल की देखरेख में होगा। इस तरह अपनी इस शर्त के अनुसार उन्होंने 13 मई को 'गुजरात राजनीतिक परिषद्' के अधिवेशन की अध्यक्षता की। इस अधिवेशन के साथ ही दो और परिषदों का आयोजन किया गया, जिसमें एक परिषद् की अध्यक्षता मामा फड़के ने की तो दूसरी परिषद् की अध्यक्षता रविशंकर महाराज ने की। इनमें एक परिषद् का नाम 'अंत्यज परिषद्' व दूसरी परिषद् का नाम 'ठाकोर परिषद्' था। जिस समय इन परिषदों का आयोजन किया गया, उस समय स्वास्थ्य लाभ के लिए गांधीजी

बंबई में थे। चूँकि वे परिषद् में उपस्थित नहीं हो सके, इसलिए परिषद् के नाम उन्होंने अपने संदेश में लिखा—

"मैं बोरसद का काम तभी पूरा समझूँगा, जब वहाँ की पूरी प्रजा खादी के सिवा दूसरा कोई कपड़ा नहीं पहनेगी। जब वहाँ मिल के कपड़ों की एक भी दुकान नहीं चलेगी। कोई शराब, गाँजा या अफीम नहीं पिएगा। कोई भी चोरी व व्यभिचार नहीं करेगा। जब वहाँ के सब लड़के और लड़कियाँ अंत्यजों के बच्चों के साथ राष्ट्रीय शालाओं में पढ़ाई करेंगे, जब वहाँ हिंदू और मुसलमान भाई-भाई बनकर रहेंगे। वहाँ कोई किसी तरह का झगड़ा नहीं करेगा और यदि झगड़ा हो भी गया तो उसका निबटारा बुजुर्गों की पंचायत के द्वारा होगा। बोरसद अगर यह करके दिखाएगा तो मुझे विश्वास है कि वह भारत को स्वराज्य दिला देगा।"

यह जो बात गांधीजी ने अपने संदेश में कही थी, काका साहब ने भी इसे अपने अध्यक्षीय भाषण में स्पष्ट किया था। हालाँकि गांधीजी ने केवल ऐसा करने की अपनी इच्छा ही व्यक्त की थी, लेकिन उनकी इस इच्छा को आदेश माना गया, जिसे तुरंत पारित कर दिया गया।

जैसे ही अधिवेशन समाप्त हुआ, काका साहब आश्रम में लौट आए और पाठशाला के कार्यों में फिर से तन-मन से जुट गए।

दिसंबर 1924 में गांधीजी की अध्यक्षता से बेलगाँव में कांग्रेस का अधिवेशन हुआ। नवंबर में ही काका साहब बेलगाँव आ गए थे। यहाँ आकर उन्होंने अधिवेशन से संबंधित कार्ययोजनाओं को अंजाम दिया। बाद में गांधीजी ने अधिवेशन के लिए की गई तैयारी की काका साहब की भूरि-भूरि प्रशंसा की।

इसी दौरान काका साहब बीमार पड़ गए। डॉक्टरी जाँच-पड़ताल के बाद पता चलता कि उन्हें क्षयरोग हो गया है। अब उन्हें इस बीमारी से आराम न मिला तो स्वामी आनंद उन्हें स्वास्थ्य लाभ देने के उद्देश्य से अनेक स्थानों पर ले गए। काका साहब मन-ही-मन सोचते थे कि उनकी जितनी देखभाल स्वामीजी करते हैं, उतनी तो शायद उनका रिश्तेदार भी न करता। सबसे बड़ी

बात यह भी थी कि संपूर्ण खर्च स्वामीजी उठा रहे थे। उन्होंने इस संबंध में गांधीजी से पत्र-व्यवहार किया तो गांधीजी ने उन्हें समझाया कि आपकी जिम्मेदारी स्वामीजी ने उठाई है, इसलिए मैं निश्चिंत हूँ। फिर भी हम स्वामीजी से बात करेंगे और वे जो भी फैसला लेंगे, वह सबको सर्वस्वीकार्य होगा। दरअसल काका साहब नहीं चाहते थे कि वे किसी पर बोझ बनकर रहें। इसी बीच उन्होंने छात्रों के नाम कुछ पत्र भी लिखे। उन्होंने लिखा—

''युवकों के पवित्र साथ में जिसने बहुत दिन बिताए हैं, वह जानता है कि उनके मन का संकोच दूर करके उन्हें अपने विषय में बोलने को प्रवृत्त करना हो या उन्हें आत्म-परीक्षण की कला सिखानी हो तो जिन स्वाभाविक साधनों का प्रयोग हम करते हैं, उनमें से एक महत्त्वपूर्ण साधन यह है कि हम अपने निजी बचपन का प्रांजल निवेदन उनके सामने निस्संकोच पेश करें। इससे बच्चों का हृदय-कमल अपने आप खिलने लगता है। अपने गुण-दोष, जय-पराजय आदि का हूबहू चित्र यदि हम उनके सामने खींच दें तो उन्हें असाधारण आनंद मिलता है। उन्हें ऐसा लगने लगता है कि इन बुजुर्गों का जीवन भी हमारे जीवन जैसा ही था। यह देखकर उन्हें बड़ी तसल्ली होती है कि उनके अनुभव, उनकी गलतियाँ, उनकी महत्त्वाकांक्षाएँ और उनकी अज्ञानता—इनमें से कुछ भी असाधारण नहीं है। उन्हीं के जैसे ही बहुतेरे हैं। उन्हें ऐसा लगता है कि उनका महत्त्व यथोचित है। जो चीज दूसरे लोग कर सकें, उसे वे भी कर सकेंगे। इससे उनका आत्मविश्वास बढ़ने लगता है।''

स्वामी आनंद की सेवा-सुश्रूषा व उचित उपचार के कारण काका साहब स्वस्थ हो गए। अब वे बोरडी आ गए और यहाँ अपने भावी जीवन की योजना बनाने लगे। इस बारे में उन्होंने गांधीजी को एक पत्र लिखा, जिसमें लिखा था—

''यहाँ आने के बाद मैंने काफी सोच-विचार किया और अंत में पक्के निर्णय पर पहुँच गया हूँ। मेरे अनिश्चय से थककर स्वामी ने मेरा पीछा छोड़ दिया। इससे विचार करने में मदद ही हुई। आश्रम-व्यवस्था में अब कोई पेचीदा सवाल ही नहीं रहा है। सब एकराग से चलेगा। मैं द्वैत दूर नहीं कर

सका, यह बात उचित है, लेकिन मन में अब कोई विरोध नहीं रहा है।

जब तक मेरे मन में द्वैत दूर नहीं होगा, तब तक मुझे लगता है कि व्यवस्था में हिस्सा लेना मेरे लिए अनुचित है। अत: विचारपूर्वक और संतोष से मैंने व्यवस्था की मगजपच्ची छोड़ दी है। अब रहा मेरा सवाल, व्यवस्था की दृष्टि से और आध्यात्मिक दृष्टि से भी मैंने बहुत विचार किया। मुझे लगता है कि अब मुझे शिक्षक का कार्य नहीं करना चाहिए। मैं सलाहकार ही बनकर रह सकता हूँ। मैंने संपूर्ण जीवन में शिक्षा की ही दृष्टि विकसित की है और अब शाला के बाहर ही व्यापक सामाजिक शिक्षा का जोर देना अधिक उपयुक्त लगता है। इस कार्य का विकास किस प्रकार होगा, यह तो धीरे-धीरे स्पष्ट होगा।

फिलहाल तो एक मासिक पत्रिका चलाना यही उत्तम मार्ग मालूम होता है। आपकी सूचना के अनुसार नवजीवन की पूर्ति के रूप में मैं मासिक चलाना भी पसंद करता, पर स्वामी का अभिप्राय है कि इससे व्यवस्था की कठिनाई होगी। अत: नया नाम देकर एक स्वतंत्र मासिक पत्रिका चलाने की सोच रहा हूँ। अब तक के विविध अनुभवों को ध्यान में रखकर इस नई प्रवृत्ति को पूर्ण रूप से स्वतंत्र रखकर काम करना चाहता हूँ। आपकी सूचनाएँ मेरे लिए शिरोधार्य रहेंगी। साथियों की सूचनाओं और सहायता की उम्मीद रखता हूँ, लेकिन पत्रिका का पूरा तंत्र अपने ही हाथ में रखना चाहता हूँ। मैंने अपने लिए यह कार्यक्रम निश्चित तो किया, लेकिन मैं सब प्रकार से आपके अधीन हूँ। जब आपकी अनुमति होगी, तभी यह काम अपने हाथ में लूँगा।''

जब गांधीजी ने काका साहब का लिखा यह पत्र पढ़ा तो उन्होंने काका साहब को मासिक पत्रिका चलाने की अनुमति दे दी। हालाँकि इसके लिए उन्होंने कहा कि वे यह मासिक पत्रिका नवजीवन की पूर्ति के रूप में चला सकते हैं। इस तरह काका साहब 'शिक्षण अने साहित्य' के नाम से मासिक पत्रिका चलाने लगे। इस कार्य में उन्हें चंद्रशंकर शुक्ल की ओर से पूरी सहायता मिली।

सन् 1927 के अंतिम दिनों में गांधीजी ने दक्षिण भारत में अपनी खादी

यात्रा आरंभ की और काका साहब को भी अपने साथ लिया। इस दौरान काका साहब ने कुछ फुरसत के लम्हों में गांधीजी को एक किस्सा सुनाया, जो इस प्रकार था—

एक सूफी संत ईश्वर के बहुत ही पक्के व सच्चे भक्त थे। वे नियमित रूप से पाँचों वक्त की नमाज पढ़ते थे। एक दिन वे ज्यादा थकान की वजह से सो गए। जब नमाज का वक्त हुआ तो किसी ने उन्हें उठाया और बताया कि नमाज पढ़ने का समय हो गया है। इतना सुनकर सूफी संत बोले, "तुम्हारा बहुत-बहुत शुक्रिया। तुमने मुझे वक्त रहते जगाया, नहीं तो मेरी इबादत रह जाती। तुम कौन हो? क्या तुम मुझे अपना नाम बता सकते हो?"

अजनबी व्यक्ति ने अपना नाम बताया "मैं इब्लीस हूँ।"

"इ...इब...इब्लीस!" सूफी संत हैरानी से बोले, "तुम्हारा काम तो लोगों को इबादत करने से रोकना है तो फिर तुमने मुझे कैसे जगाया?"

इस पर शैतान बोला, "हाँ, तुम सही कहते हो, लेकिन एक बार यूँ ही थकान के मारे सो गए थे। उस वक्त नमाज का वक्त बीत चुका था और मैं बड़ा खुश था। फिर जब तुम्हारी आँखें खुलीं तो तुम्हें पछतावा हुआ और दहाड़ें मार-मारकर रोने लगे। तुम इतने दुःखी हुए कि तुम अल्लाह के और करीब आ गए। इससे तुम्हारा जो गुनाह था, वह पछतावे की बारिश से धुल गया। बस इसी वजह से मैंने सोचा कि कहीं फिर से ऐसा ही न हो और तुम अल्लाह के और अधिक करीब न आ जाओ, इसीलिए मैंने तुम्हें जगाया।"

काका साहब से यह किस्सा सुनकर गांधीजी उनकी ओर देखकर मुसकराने लगे। इस बारे में काका साहब का कहना है—

"मुझे भी बड़ी प्रसन्नता हुई। सन् 1915 से लेकर अंत तक मैंने उनका जीवन देखा है। उनका ईश्वर-ध्यान व ईश्वर-चिंतन देखा है। एक क्षण के लिए भी उसमें विलंब नहीं हुआ है। मैंने उनमें भक्ति देखी है। फिर भी उन्होंने प्रार्थना के लिए अधिक समय नहीं दिया। निश्चित समय पर सबके साथ प्रार्थना में बैठते थे, तल्लीन हो जाते थे और प्रार्थना पूरी होते ही काम में लग जाते थे। उनके लिए सारे काम भगवान् के ही थे। वे कहते थे कि काम

से समय चुराकर नाम में लगाएँ तो भगवान् नाराज होंगे।''

जब काका साहब अध्ययनरत थे, तभी से वे स्वदेशी आंदोलन के पक्के समर्थक बन गए थे और इसके पक्ष में उन्होंने बढ़-चढ़कर कार्य भी किया था। जब उन्होंने गांधीजी द्वारा लिखित 'हिंद स्वराज' पढ़ी तो स्वदेशी की परिभाषा को और करीब से जानने में सहायता मिली। उनका मानना था कि स्वदेशी के द्वारा ही भारत का उद्धार संभव है। वे स्वदेशी आंदोलन से इतने प्रभावित थे कि उन्होंने मराठी में 'पूर्ण स्वदेशी' नामक शीर्षक से एक लेख भी लिखा, जिसमें उन्होंने स्वदेशी को इस युग का सर्वश्रेष्ठ युगधर्म कहकर संबोधित किया।

ऐसा नहीं था कि गांधीजी केवल भारतीयों के बीच ही लोकप्रिय थे, बल्कि विदेशों में भी उनकी लोकप्रियता कुछ कम नहीं थी। फ्रांस के प्रसिद्ध साहित्यकार रोम्या रोलाँ उन विदेशियों में से एक थे, जो गांधीजी के व्यक्तित्व से प्रभावित थे। उन दिनों वे गांधीजी की 'जीवनी' लिख रहे थे और यह करने के पीछे उनका उद्देश्य यह था कि वे यूरोपियनों को गांधीजी के व्यक्तित्व से परिचित कराना चाहते थे। उन्होंने गांधीजी की जीवनी लिखने के लिए अपने मिलने-जुलनेवाले भारतीयों से इसकी विषय-सामग्री एकत्रित की थी।

एक बार रवींद्रनाथ टैगोर के शिष्य डॉक्टर कलिदास नाग ने रोम्या रोलाँ से कहा कि इसमें कोई संदेह नहीं कि गांधीजी एक महात्मा हैं, लेकिन उनके आसपास कुछ दकियानूसी लोग इकट्ठे हो गए हैं। इसके लिए उन्होंने प्रमाणस्वरूप काका साहब की 'दि गोस्पल ऑफ स्वदेशी' रोम्या रोलाँ को दी। चूँकि रोम्या रोलाँ अंग्रेजी नहीं जानते थे, इसीलिए उन्होंने पुस्तक के कुछ भाग का फ्रांसीसी भाषा में अनुवाद कर रोलाँ को सुनाया। जब रोलाँ ने कुछ वाक्य सुने तो उन्हें आश्चर्य हुआ और उन्होंने अपनी पुस्तक में काका साहब की कड़ी आलोचना की। जब गांधीजी को पता चला तो उन्होंने गणेशन के माध्यम से रोलाँ को संदेश भेजा कि जब तक वे भारत में नहीं आते और यहाँ की परिस्थिति से परिचित नहीं हो जाते, तब तक उन्हें स्वदेशी की विचारधारा के बारे में किसी निष्कर्ष पर नहीं पहुँचना चाहिए। बाद में गांधीजी ने काका

साहब से कहा कि आप शीघ्रातिशीघ्र रोलाँ की गलतफहमी को दूर करने के लिए पत्र लिखिए और साथ ही उन्होंने यह भी कहा कि रोलाँ को आपकी पुस्तक में जो भी दोष दिखाई दिए हैं, उन्हें दूर करने के लिए आप पुस्तक को फिर से ध्यानपूर्वक पढ़िए और लिखिए। काका साहब ने उनकी सलाह मान ली और वह पुस्तक उन्होंने फिर से लिख डाली।

कुछ समय बाद मिस स्लेड (मीरा बहन) आश्रम में रहने के लिए आईं। उन्हें काका साहब के बारे में अच्छी तरह मालूम था, इसीलिए एक दिन उन्होंने काका साहब से कहा कि रोम्या रोलाँ ने आपके बारे में जो नकारात्मक अवधारणा बनाई हुई है, उसे दूर करने के लिए आपको उनके नाम एक पत्र लिखना चाहिए। इस पर काका साहब ने कहा कि उनकी आलोचना से उन्हें कोई नुकसान नहीं हुआ है, इसलिए इस बारे में अपनी ओर से कोई सफाई पेश नहीं करना चाहते। फिर भी लगातार मीरा बहन के अनुरोध करने पर काका साहब ने रोम्या रोलाँ के नाम एक पत्र लिखा, जिसके प्रत्युत्तर में रोम्या रोलाँ ने लिखा—

''प्रिय मित्र,

हम दोनों की मित्र मीरा की ओर से भेजा गया आपका कृपा-पत्र मुझे मिला। मैं उसके लिए आपका तहे-दिल से शुक्रिया अदा करता हूँ। मैंने पत्र मिलने से पहले ही आपके बारे में जो कुछ लिखा था, उस अन्याय की ओर मीरा ने मेरा ध्यान आकर्षित किया था। अब मेरी प्रार्थना है कि उस सबके लिए आप मुझे माफ करें।

इसमें कोई संदेह नहीं कि आपकी पुस्तक के अंग्रेजी अनुवाद ने, जिसमें दृष्टि-बिंदुओं पर विशेष बल दिया गया था—इतना ही नहीं, बल्कि उन्हें एक तरह से विकृत बनाया गया था, मुझे भुलावे में डाल दिया। इसके अलावा एक और बात थी—आजकल यूरोपीय राष्ट्रों के राष्ट्रीय घमंड ने ऐसा कुछ भयानक रूप धारण किया है कि उसके खिलाफ लड़ते-लड़ते मुझे अपनी पूरी शक्ति खर्च करनी पड़ी है। ऐसी स्थिति में मुझे इस राष्ट्रीय घमंड के ही भूत जहाँ-तहाँ नजर आने लगे हैं और जहाँ-जहाँ मुझे वह दिखाई देता है, मैं

हमेशा कमर कसकर उसके खिलाफ खड़ा हो जाता हूँ।

संभव है कि भारत की स्थिति यूरोप से कुछ भिन्न हो। फिर भी मैं खूब अच्छी तरह से जानता हूँ कि किस तरह एक राष्ट्र का अपने न्याय, अधिकार, कर्तव्य और अपने वैशिष्ट्यपूर्ण अस्तित्व का स्वाभाविक मान, देखते-देखते कुछ इने-गिने वर्षों में ही, एक भयानक सर्वग्रासी राष्ट्रीय या वंशीय घमंड के पागलपन में पलट सकता है। मानव-जाति के सिर पर आज इसी खतरे की तलवार स्थायी रूप से लटक रही है। इस खतरे से देश को बचाने के लिए देश का जमीर कहा जा सकता है—ऐसे हमारे गुरु गांधी और आप जैसे लोगों को कड़े संयम और सख्ती से काम लेना पड़ेगा। चूँकि आप दोनों हमेशा के लिए तो नहीं रहेंगे, इसलिए आपको चाहिए कि अपने आसपास के लोगों में से आप इस विचारधारा को माननेवाले उत्साही राष्ट्रीय नेताओं को तैयार करें, जो निस्स्वार्थ भाव से आपकी जगह ले सकेंगे। हम एक विश्वव्यापी तूफान में फँसे हुए हैं और एक क्षण के लिए भी आँख झपकना खतरे से खाली नहीं है।

आपके पत्र में सुभाषित जैसा एक वाक्य है, जो मुझे हमेशा याद रहेगा। वास्तव में कोई ज्ञान विदेशी नहीं हो सकता, वह तो एक आत्मा की वस्तु है। इसका अर्थ यह हुआ कि हम सभी भाई-भाई हैं, एक ही परमपिता के पुत्र हैं। शेष और सभी मतभेद हम गौण ही समझें। अत: मित्रवर मेरी यह प्रार्थना है कि व्यक्तिगत रूप से नहीं, बल्कि आपकी पुस्तक के अंग्रेजी अनुवाद से एक गलत तसवीर सामने आने के कारण मैंने जो कड़े शब्द आपके बारे में लिखे हैं, वह आप भूल जाइए। मैं आपको विश्वास दिलाता हूँ कि अपनी किताब की अगली आवृत्ति में मैं उन्हें हटा दूँगा। हाल में अगर आप स्वीकार करें तो गणेशन द्वारा प्रकाशित होनेवाला जो संस्करण मीरा सुधार रही है, उसमें वह मेरे इस पत्र का उपयोग करेंगी। आपके प्रति मैंने जो अन्याय किया, उसके बारे में मेरा प्रेमपूर्ण पश्चात्ताप वह आपके पास पहुँचाएगी। कृपा करके गांधीजी को मेरा सप्रेम प्रणाम कहिए। मैं आपका निष्ठावान् मित्र हूँ, मुझ पर भरोसा रखें।''

जब काका साहब को रोम्या रोलाँ का यह पत्र मिला तो उनके साथियों

ने उनसे कहा कि वे यह पत्र प्रकाशित करें, जिससे आपके बारे में रोम्या रोलाँ द्वारा दी गई सफाई लोगों तक पहुँचे, लेकिन काका साहब ने ऐसा नहीं किया। इसके पीछे उनका यह तर्क था कि इतने बड़े विद्वान् का यूँ क्षमायाचना करना और फिर उसे सरेआम प्रदर्शित करना उचित नहीं है। यह काका साहब की महानता का ही परिचय था, जिसकी उनके साथियों ने खूब सराहना की।

□

जेल-जीवन का अनोखा अनुभव

काका साहब का स्वास्थ्य सुधर गया, जिसके बाद उन्होंने गांधीजी के साथ उड़ीसा के विभिन्न क्षेत्रों का दौरा किया। एक दिन गांधीजी उनसे बोले, ''काका, मैं गुजरात विद्यापीठ को लेकर चिंतित हूँ। मेरी इच्छा है कि आप इस विद्यापीठ की जिम्मेदारी अपने हाथों में ले लें।''

गांधीजी की बात सुनकर काका साहब सोच में पड़ गए। उन्होंने स्वयं को पहले ही विद्यापीठ से अलग कर लिया था और इस बात से वे अच्छी तरह वाकिफ थे कि विद्यापीठ राजनीति का शिकार हो गई है। विद्यापीठ के पहले आचार्य असूदमल गिडवाणी थे, लेकिन वल्लभभाई पटेल के साथ आपसी मतभेदों के कारण उन्होंने इस्तीफा दे दिया। उनके बाद काका साहब के मित्र कृपलानीजी को विद्यापीठ का आचार्य नियुक्त किया गया।

दो वर्ष तक तो सब कुछ ठीक-ठाक चला, लेकिन इसके बाद कृपलानीजी और वल्लभभाई पटेल के बीच खींचतान शुरू हो गई। काका साहब और गांधीजी विद्यापीठ में हो रही खींचतान से अच्छी तरह वाकिफ थे। जब मामला कुछ अधिक बिगड़ता दिखा तो गांधीजी ने फिर से कहा कि काका, अब तो विद्यापीठ की जिम्मेदारी आपको ले लेनी चाहिए। गांधीजी को वे अब मना न कर सके और उन्होंने उनकी बात स्वीकार कर ली।

अब काका साहब के सामने सवाल यह था कि कृपलानीजी को वे अपने साथ विद्यापीठ में कैसे रखें, जबकि गांधीजी कृपलानीजी को अपने खादी-कार्यक्रम के अंतर्गत उत्तर भारत के दौरे पर भेजना चाहते थे। जब गांधीजी

ने उन्हें असमंजस की स्थिति में पाया तो उन्होंने काका साहब को निश्चिंत रहने की सलाह दी। दरअसल काका साहब नहीं चाहते थे कि वे स्वयं तो विद्यापीठ में रहें और कृपलानीजी विद्यापीठ छोड़कर अन्यत्र जाएँ। गांधीजी की कृपलानीजी को बाहर भेजने की योजना काका साहब को अच्छी नहीं लगी। इस बारे में काका साहब ने अपने विचारों को इस प्रकार व्यक्त किया है—

"बापूजी का यह व्यवहार मुझे बिल्कुल भी अच्छा नहीं लगा, लेकिन मैं क्या करता? उन्होंने स्पष्ट शब्दों में कहा था कि वे मेरे और कृपलानी के बीच गलतफहमी पैदा नहीं होने देंगे। मेरी बड़ी उलझन तो यही थी कि बापूजी का आश्वासन स्वीकार करना अनिवार्य था, लेकिन अफसोस की बात है कि हुआ वही, जिसका मुझे डर था। कृपलानी गुजरात छोड़ना नहीं चाहते थे। बापूजी ने उनसे पूछा, 'मैं आपको खादी कार्य के लिए मेरठ भेजना चाहता हूँ। फिर भी क्या आपका गुजरात में रहने का आग्रह है?'

अब ऐसे प्रश्न का उत्तर कोई क्या दे? कृपलानी मेरे पास आए और कहने लगे, 'बापू का रुख तुम जानते थे तो पहले ही तुमने मुझे चेतावनी क्यों नहीं दी? मुझे पहले ही बता देना तुम्हारा फर्ज था। तुमने मित्र-धर्म का पालन नहीं किया—यह सचमुच आश्चर्य की बात है।'

मैंने कहा, 'बापूजी ने मुझे आश्वासन दिया था कि कृपलानी को मैं सँभाल लूँगा, इसीलिए मैं निश्चिंत था।'

इससे कृपलानी के दिल में बड़ी चोट पहुँची और लगभग चौबीस वर्षों का हमारा हार्दिक संबंध समेट सा लिया। मेरे जीवन में यह एक भारी विषाद रहा।"

केवल कृपलानीजी ही नहीं, बल्कि स्वामी आनंद भी काका साहब से नाराज थे। स्वामी आनंद ने तो काका साहब से यहाँ तक कह दिया कि तुमने ऐसा कर मित्र-द्रोह किया है। तुम्हें विद्यापीठ की जिम्मेदारी लेने से इनकार कर देना चाहिए। इस पर काका साहब ने बताया कि मैंने यह जिम्मेदारी बापूजी को निश्चिंत करने के लिए ली थी। काका साहब की बातों से स्वामी आनंद को संतुष्टि न हुई और उन्होंने काका साहब से उसी समय दूरी बना

ली। इस तरह काका साहब को विद्यापीठ की जिम्मेदारी अपने दो घनिष्ठ मित्रों को खोकर लेनी पड़ी।

काका साहब ने गुजरात विद्यापीठ की जिम्मेदारी तो ले ली थी, लेकिन उन्होंने कुलनायक के पद पर सुशोभित होने के लिए नरहरिभाई से कहा और साथ ही यह भी कहा कि मैं आपके मातहत रहकर ही कार्य करूँगा। इस पर नरहरिभाई ने कहा कि इस पद के लिए आप ही उपयुक्त हैं और मैं आपके साथ रहकर कार्य करूँगा। इस तरह काका साहब ने कुलनायक के रूप में विद्यापीठ की जिम्मेदारी सँभाली।

काका साहब के पास एक दिन गांधीजी के भक्त नगीनदासभाई एक योजना लेकर आए और बोले कि यदि वे उनकी योजना स्वीकार कर लें तो इसके लिए दानस्वरूप एक लाख की धनराशि देंगे, लेकिन काका साहब को उनकी यह योजना पसंद नहीं आई। नगीनदासभाई कुछ समय बाद फिर आए और इस बार भी उन्हें निराश होकर लौटना पड़ा। अत: वे दु:खी होकर गांधीजी के पास गए और उन्हें सारी बात बताई। उनकी बात सुनकर गांधीजी ने कहा कि आप ही क्यों न उनसे योजना पूछ लेते? हो सकता है कि उनके पास और भी बढ़िया योजना हो। गांधीजी की बात नगीनदासभाई को अच्छी लगी। अंतत: काका साहब ने नगीनदासभाई के सहयोग से ग्रामसेवा मंदिर योजना शुरू की और इसके लिए काका साहब ने उनके सामने यह शर्त रखी कि वे इस ट्रस्ट के सदस्य नहीं होंगे, जिसे उन्होंने स्वीकार कर लिया।

'स्वदेशी और स्वराज्य' के सिद्धांत को सामने रखते हुए काका साहब ने कार्य करना आरंभ कर दिया। उन्होंने अपने छात्रों को आसपास के गाँवों में भेजा। ये छात्र लोगों को स्वदेशी और स्वराज्य के महत्त्व से अवगत कराते। 11 जनवरी, 1930 को गुजरात विद्यापीठ का दीक्षांत समारोह हुआ, जिसमें गांधीजी ने छात्रों को संबोधित करते हुए कहा—

"कुछ लोग भयभीत हो गए हैं और ब्रिटेन से हम अपना संबंध तोड़ लेंगे तो यहाँ देश में अराजकता फैलेगी। हिंदू-मुसलमान एक-दूसरे को कत्ल करेंगे और खून की नदियाँ बहाएँगे। मैं अहिंसा को मानता हूँ, अहिंसा का पूर्ण

उपासक हूँ, फिर भी इन लोगों को सुनाना चाहता हूँ कि यदि मुझे अराजकता और गुलामी के बीच किसी एक को पसंद करना पड़े तो मैं अराजकता को ही पसंद करूँगा। उन्होंने यह आशा प्रकट की कि स्वराज्य की जो लड़ाई अब शुरू होनेवाली है, उसमें गुजरात विद्यापीठ के विद्यार्थी सबसे आगे रहेंगे।''

काका साहब गांधीजी का संकेत समझ गए थे। उन्होंने विद्यापीठ के छात्रों को स्वराज्य की लड़ाई के लिए तैयार करना शुरू कर दिया। सन् 1930 में काका साहब की अध्यक्षता में महराष्ट्र में 'राष्ट्रीय शिक्षा परिषद्' का आयोजन किया गया। परिषद् को संबोधित करते हुए काका साहब ने कहा—

''यदि शांति के दिन होते तो मैं राष्ट्रीय शिक्षा की एक अखिल भारतीय योजना वहाँ अवश्य ही प्रस्तुत करता। योजना मेरे पास थी। एक अनुभवी शिक्षाशास्त्री को शोभा दे सके—इस तरह का एक व्याख्यान भी मैं लिखकर ले जाता, लेकिन मैं इन दिनों केवल शिक्षाशास्त्री नहीं रहा था। युद्ध की एक नई कला पेश करनेवाले युद्धऋषि महात्मा गांधी की सेना का एक सेनानायक बन गया था, इसीलिए मुझमें निहित शिक्षाशास्त्री वहाँ फीका पड़ गया। मैं एक सेनापति के तौर पर बोला। परिणामस्वरूप कई महाराष्ट्रीय शिक्षक और विद्यार्थी स्वराज्य की लड़ाई में कूद पड़े।''

अंग्रेजों ने भारतीयों पर अत्याचार करने में कोई कमी नहीं छोड़ी थी। उन्होंने नमक का अत्याचारी कानून बनाकर अपनी क्रूरता का एक और प्रमाण दे दिया था। इससे पूरा देश विक्षिप्त था। फलस्वरूप गांधीजी ने घोषणा की कि वे 12 मार्च, 1930 को सत्याग्रहियों के साथ मिलकर साबरमती आश्रम से 240 मील दूर दांडी नामक स्थान पर नमक का कानून भंग करेंगे और उन्होंने नियत तिथि को यही किया। इस तरह सत्याग्रह की शुरुआत हो गई थी।

30 अप्रैल, 1930 को काका साहब को गिरफ्तार कर लिया गया। उन पर यह आरोप लगाया गया था कि उन्होंने लोगों को सरकार के खिलाफ भड़कानेवाली बातें कही हैं। परिणामस्वरूप उन्हें सात महीने की सजा सुनाई गई। उन्हें साबरमती जेल भेज दिया गया, जहाँ उनके कई साथी व छात्र थे। इन सभी को वर्ग के अनुसार अलग-अलग सेल में रखा गया था। जेल में

इतनी भीड़ हो गई थी कि सत्याग्रहियों को सेल में रखना मुश्किल हो गया था, इसलिए सभी को खुले में रहने की छूट दे दी गई। बाद में वल्लभभाई पटेल ने जेल के सुपरिंटेंडेंट से बात की कि सभी सत्याग्रही अपना खाना स्वयं बनाएँगे तो उनकी बात स्वीकार कर ली गई।

वल्लभभाई पटेल ने योजनानुसार सभी सत्याग्रहियों को काम बाँट दिए। मिल-जुलकर खाना पकाया जाता और साथ-साथ खाया जाता तथा साथ-साथ प्रार्थना भी शुरू की जाती। इस तरह जेल में ही सत्याग्रहियों ने आश्रम जैसी स्थिति उत्पन्न कर दी थी। यह देखकर सुपरिंटेंडेंट घबरा गया और उसने सत्याग्रहियों की एकता को छिन्न-भिन्न करने के लिए उन्हें वर्गानुसार अलग-अलग रखने का फैसला कर लिया। काका साहब को 'यरवदा' जेल में ले जाया गया, जहाँ पहले से ही गांधीजी मौजूद थे। जेल में गांधीजी के साथ रहने की बात सुनकर उन्हें हैरानी हुई। इस बारे में उन्होंने लिखा है—

''मैं आश्रम की शुरुआत से ही गांधीजी का साथी रहा। हालाँकि उनकी व्यक्तिगत सेवा करनेवाले मंडल में मैं कभी शामिल नहीं रहा, इसलिए उन्हें किस समय किस वस्तु की आवश्यकता होती है आदि बातें मैं नहीं जानता था। गांधीजी को यदि पूछा जाता कि क्या काका को आपके पास लाकर रखें तो वे इनकार कर देते। मुझसे पूछा जाता तो मैं भी इनकार कर देता, लेकिन दूसरे कारण से।

जिंदगी में मैंने अपना कोई भी कार्य व्यवस्थित ढंग से नहीं किया तो मैं उनकी क्या सेवा करता, इसी विचार से मैं इनकार कर देता और वे यह कहते—साबरमती जेल में अनेक नौजवान इकट्ठे हुए हैं। उन्हें काका कुछ-न-कुछ पढ़ाते रहेंगे। इतना ही नहीं, अन्य विद्वानों की सहायता से वे वहाँ एक महाविद्यालय चलाएँगे। इस सेवा से उन्हें यहाँ खींचकर लाना उचित नहीं है। बस, यही सोचकर इनकार कर देते, लेकिन यहाँ मुझे बापू के साथ रखने के लिए ही लाया गया था।''

काका साहब को उस यूरोपियन वार्ड में लाया गया, जहाँ गांधीजी को रखा गया था। गांधीजी को देखते ही काका साहब आनंदविभोर हो उठे। आगे

बढ़कर उन्होंने गांधीजी के चरण स्पर्श किए। फिर उन्होंने गांधीजी से बातचीत की, जिसका वर्णन उन्होंने इस प्रकार किया है—

"जेलवाले मुझे छोड़कर चले गए। इसके बाद मैंने बापूजी को साबरमती जेल में चल रही भूख हड़ताल की बात को बताया और पूछा कि अब मेरा क्या धर्म हो सकता है ? उन्होंने उत्तर दिया कि साबरमती की बात साबरमती में। यहाँ तो तुम पर ए.बी.सी. के वर्ग भी लागू नहीं होते। फिर मैंने जेल के प्रवेशद्वार में जो जाँच हुई थी, उसकी तफसील बताई, अपमान क्यों सहन किया—यह भी बताया। मुझे डर था कि शायद मुझे उलाहना मिलेगा, लेकिन बापूजी के मुखमंडल पर मधुर मुसकान फैल गई, तब मेरा मन आश्वस्त हुआ।"

गांधीजी सादगी में विश्वास करते थे। जेल में उनके खर्च के लिए सरकार की ओर से डेढ़ सौ रुपए तय किए गए थे, लेकिन मेजर मार्टिन को यह राशि कम लगी। उन्होंने सरकार से उनके खर्चे के लिए तीन सौ रुपए की माँग की, लेकिन जब गांधीजी को इस बात का पता चला तो उन्होंने कहा कि उनके लिए मासिक खर्च पैंतीस रुपए पर्याप्त हैं। गांधीजी के इस आदर्श ने काका साहब को बहुत प्रभावित किया।

यरवदा में काका साहब ने गांधीजी से बहुत कुछ सीखा। काका साहब उत्तम कोटि के शिक्षक ही नहीं, बल्कि चीजों के बारे में अच्छी परख रखनेवाले कुशल व्यक्ति भी थे। गांधीजी इस तथ्य को भलीभाँति स्वीकार करते थे। उन्हीं दिनों चरखे की घटना घटी, जिसके विषय में काका साहब ने लिखा है—

"चरखे के बारे में गांधीजी को जब भी कोई नया विचार सूझता या कोई नई उलझन खड़ी होती तो वे मुझे बुला लेते थे। महाराष्ट्र के कालेजी नामक एक यंत्र विशारद ने एक नया चरखा तैयार किया था। उन दिनों गांधीजी ने जो कोई अच्छा चरखा बनाकर देगा, उसे एक लाख रुपयों का पारितोषिक देने का ऐलान किया था। कालेजी का चरखा इस इनाम के योग्य है या नहीं, इसका निर्णय लेने के लिए उन्होंने जानकारों की एक समिति बनाई थी। इस

समिति में हम केवल दो व्यक्ति थे—एक विनोबा और दूसरा मैं। यंत्रविद्या के सर्वोच्च जानकार के रूप में हम दोनों के नामों की चर्चा उन दिनों बहुत चली। लोगों को आश्चर्य हुआ कि यह शिक्षक, साहित्यिक, घुमक्कड़, यंत्र-विशारद कैसे बने? यरवदा निवास के कारण ही गांधीजी मेरे दिमाग का यह पहलू पहचान सके, इसलिए यरवदा के प्रति बड़ा कृतज्ञ हूँ।''

29 नवंबर, 1930 को काका साहब को रिहा कर दिया गया। वे यरवदा जेल में 19 जून को आए थे, यानी उन्होंने इस जेल में गांधीजी के साथ लगभग पाँच महीने बिताए। इस अवधि में उन्होंने गांधीजी के साथ हुई चर्चा को एक पुस्तक के रूप में संग्रहीत किया। इस पुस्तक का नाम उन्होंने 'नमक के प्रभाव से' रखा। हालाँकि बाद में उन्होंने स्वीकार किया कि यदि वे इस पुस्तक का नाम 'गांधीजी के साथ जेल में' रखते तो शायद यह लोकप्रियता के उच्च शिखर को छू रही होती। इस पुस्तक में उन्होंने अपनी गांधीजी के साथ हुई तकरार का वर्णन इस प्रकार किया है—

''एक दिन हमारा मुकादम मेरे लिए सुंदर पक्का पपीता लाया। मुझे भूख नहीं थी, इसलिए मैंने सोचा कि सारा पपीता बापूजी को ही दे दूँ। मैंने बापूजी से वैसा ही कहा और बताया कि आज मुझे पपीता खाना ही नहीं है। बापूजी ने वह खाया। कुछ समय के बाद मुकादम को मालूम हुआ कि मैंने पूरा पपीता बापूजी को दे दिया, खुद खाया ही नहीं। अतः वह दूसरा पपीता ले आया और मुझसे आग्रह करने लगा कि यह तो आपको खाना ही होगा। मैंने कहा, ''शाम को भोजन के बाद खाऊँगा।'' उसका आग्रह मैं टाल न सका।

शाम को भोजन के समय मैंने पपीते का टुकड़ा मुँह में डाला ही था कि बापूजी बोल उठे, ''काका, तुमने मुझे धोखा दिया, तुमने तो सुबह कहा था कि मुझे पपीता खाना ही नहीं है।'' फिर उन्होंने कुछ और कठोर आवाज में कहा, ''अब जब तक मैं जेल में हूँ, तब तक कभी भी पपीता नहीं खाऊँगा।''

मुझे दुःख हुआ। मैंने उन्हें वास्तविकता समझा दी और कहा, ''आप मुझ पर अन्याय कर रहे हैं। इस तरह आपको पपीता नहीं छोड़ना चाहिए।'' बापूजी बोले, ''छोड़ा सो छोड़ा।'' मैंने कहा, ''तो ठीक है आप जेल अवधि

तक पपीता नहीं खाएँगे और मैं जब तक जीऊँगा पपीता नहीं खाऊँगा।''

मेरी प्रतिज्ञा सुनकर बापूजी चौंके और बोले, ''कोई बात नहीं। प्रतिज्ञा संयममूलक होती है। मैं तुम्हें प्रतिज्ञा को तोड़ने के लिए नहीं कहता, लेकिन वह पक्के पपीतों तक ही सीमित है न? कच्चा पपीता पकाकर खाने में यह प्रतिज्ञा बाधक नहीं बन सकती''

उन्होंने मेरी प्रतिज्ञा को मर्यादित करवाया और यह अध्याय यहाँ पूरा हुआ। अब थोड़ी आगे की बात...बापूजी रिहा होकर अहमदाबाद आए और एक मिल मालिक मित्र के यहाँ ठहरे। विद्यापीठ के बागीचे में मैंने अच्छे-से-अच्छे पपीते उगाए हुए थे। मैं उनमें से एक बढ़िया पपीता लेकर वहाँ आया। जब वे खाने बैठे, तब उनके सामने पपीता रखकर मैंने कहा, ''आज आपकी प्रतिज्ञा पूरी होती है। आज पपीता आपको खाना ही पड़ेगा।'' बापूजी मुसकराए। उन्होंने पपीता हाथ में लेकर खाया और बोले कि इसी पपीते ने हमारे बीच झगड़ा कराया था न?''

जैसे-जैसे रिहाई का समय निकट आता जा रहा था, वैसे-वैसे काका साहब की चिंता बढ़ती जा रही थी और चिंता बढ़ती भी क्यों न, आखिर उन्हें गांधीजी से अलग जो होना था। आखिर वह दिन आ ही गया। 29 नवंबर, 1930 को काका साहब जेल से बाहर आए। उस समय उनकी आँखों में आँसुओं की धारा बह रही थी। उनकी मन:स्थिति उस तरह हो रही थी, जैसे कोई छोटा सा बच्चा अपनी माता से अलग होता है। महादेवभाई ने अपनी डायरी में लिखा है—

''काका के बारे में बापू के मुँह से अनेक स्मरणीय उद्‍गार निकले कि काका का अनुभव जैसा मुझे जेल में हुआ था, वैसा इससे पहले कभी नहीं हुआ। आपने काका को कभी रोते देखा है? कल्पना नहीं कर सकते। मैंने उन्हें धड़ाधड़ आँसू बहाते देखा है। अनेक बार हमारे बीच बहस चलती। तब काका कहते कि मुझमें कई बुरी आदतें हैं। वे जैसे-जैसे आपको दिखाई दें, आपको कठोर बनकर मुझे दिखानी होंगी और सुधारनी होंगी। मैंने कहा कि आप मुझमें यह विश्वास रखते हैं, मैं उसका पूरा उपयोग करनेवाला हूँ। इसके

अमल में मैं जब सख्त आलोचना करता तो वे अपनी गलती कुबूल करते और आँसू बहाते। सत्याग्रह के सिद्धांत तो उन्होंने घोटकर पी लिए हैं। उनके स्वभाव में रही कुछ अनिश्चिंतताओं के कारण सामनेवाले आदमी पर उनका जो प्रभाव पड़ना चाहिए था, उससे कम पड़ता है। मुझे लगता है कि उनके साथियों ने भी उन्हें अपंग कर डाला था। यह अपंगता यहाँ निकल गई।''

गांधीजी ने काका साहब से कहा था कि आप जेल से रिहा होते ही सीधे अहमदाबाद जाएँ और विद्यापीठ का कार्य दोगुने उत्साह से शुरू कर दें। अत: रिहा होते ही काका साहब अहमदाबाद आ गए और विद्यापीठ के कार्यों में व्यस्त हो गए।

कुछ समय के बाद गांधीजी को भी जेल से रिहा कर दिया गया। रिहाई के बाद गांधीजी ने वायसराय लॉर्ड इरविन से बातचीत की और उनके बीच एक समझौता हुआ, जिसके तहत यह तय हुआ कि कांग्रेस तुरंत सविनय अवज्ञा आंदोलन को बंद कर दे और दूसरी ओर सरकार भी सभी अध्यादेशों को वापस लेकर सभी सत्याग्रहियों को रिहा कर दे।

11 अप्रैल, 1931 को विद्यापीठ का दीक्षांत समारोह हुआ। इस अवसर पर गांधीजी ने विद्यापीठ को संबोधित करते हुए कहा—

''कराड़ी में गिरफ्तारी के बाद भारत में जो कुछ भी हुआ, मैंने वह सब अखबारों में पढ़ा। रिहाई के बाद साथियों के मुँह से भी सुना। विद्यापीठ के योगदान के बारे में इतना सारा सुना कि मेरा हृदय हर्ष से भर गया। गुजरात विद्यापीठ की तरह काशी विद्यापीठ और बिहार विद्यापीठ के बारे में भी सुना। तीनों विद्यापीठों के अध्यापक और विद्यार्थी लड़ाई में कूद पड़े, यह कोई मामूली बात नहीं है। इस लड़ाई का इतिहास जब लिखा जाएगा, उस समय विद्यापीठों (अध्यापकों और विद्यार्थियों) के योगदान देखकर सारा संसार हर्षित हो जाएगा।

जेल में पड़े-पड़े विद्यापीठ के अध्यापकों और विद्यार्थियों के बारे में अखबारों में कुछ भी देखता था तो मैं सरकारी कॉलेजों के साथ उसकी तुलना कर लेता था। काका साहब ने बताया कि विद्यापीठ के विद्यार्थियों ने पिछले

एक साल में जो नाम कमाया है, उतना उससे पहले कभी नहीं कमाया था। विद्यापीठ तो वही-की-वही थी। राष्ट्रीय भी थी, फिर भी नहीं कमाया था। सार यही है कि हमारे स्नातकों और ग्राम सेवा दीक्षितों को ऐसा नहीं लगना चाहिए कि वे किसी मामूली विद्यापीठ से स्नातक और दीक्षित हैं। आप अंजलि भर से दिखाई दिए तो भी सागर जैसे हैं। आपमें स्वराज्य लाने की शक्ति है। आप लोगों ने जो काम किया है, वह इस बात को सिद्ध करता है कि विद्यापीठ के पीछे हमने जो पैसा खर्च किया, उसका सूद तक हमने वसूल कर लिया है।''

वायसराय लॉर्ड इरविन का कार्यकाल पूरा हो गया था और उनकी जगह वायसराय के पद पर लॉर्ड विलिंगडन आ गए थे। उन्होंने आते ही गांधी-इरविन समझौते को भंग कर दिया। जिस समय गांधीजी दूसरी गोलमेज सभा में भाग लेने के लिए लंदन गए हुए थे, उस समय विलिंगडन ने आतंक का राज्य शुरू कर दिया था। उसने कांग्रेस के बड़े-बड़े नेताओं को तरह-तरह के अध्यादेशों में फँसाकर गिरफ्तार कर लिया था। गांधीजी वापस लौटे तो यह सब देखकर चिंतित हो उठे।

4 जनवरी, 1932 को गांधीजी और सरदार वल्लभभाई पटेल को भी गिरफ्तार कर लिया गया। जब कांग्रेसी कार्यकर्ताओं ने इसका विरोध किया तो हजारों की संख्या में उन्हें भी गिरफ्तार कर जेल भेज दिया गया। यही नहीं, कांग्रेस को एक गैर-कानूनी संस्था घोषित कर दिया गया और देश के सभी खादी भंडारों को भी सरकार ने अपने अधिकार में ले लिया।

काका साहब और नरहरिभाई दोनों को ही साबरमती जेल में रखा गया था। इस जेल में उन्हें कोई अधिक दिन नहीं हुए थे कि उन दोनों को यहाँ से विसापुर जेल ले जाया गया। बाद में यहाँ से भी उन्हें बेलगाँव की हिंडलगा जेल भेज दिया गया। इस बार उनके साथ प्रभुदास गांधी भी थे।

काका साहब को नियमित रूप से चरखा कातने की आदत थी, लेकिन हिंडलगा जेल में उन्हें इसकी अनुमति नहीं दी गई। जेल का सुपरिंटेंडेंट बड़े रूखे स्वभाव का था। काका साहब ने उसे बहुत समझाया, लेकिन उसने उनकी

एक न सुनी। अतः काका साहब ने उपवास रखना आरंभ कर दिया। अंततः उनकी बात मान ली गई और उन्हें चरखा दे दिया गया। चूँकि जेल के नियमों के अनुसार जेल में उपवास रखना अपराध है, इसीलिए उन्हें इसकी सजा दी गई। उन्हें उनके साथियों नरहरिभाई व प्रभुदास गांधी से अलग कर दिया गया।

काका साहब को उनके साथियों से अलग तो कर दिया गया था, लेकिन अब उनके साथ नम्र व्यवहार किया जाने लगा था। पहले की अपेक्षा अब उनको अच्छा खाना दिया जाने लगा था। यह देखकर उन्हें बड़ी हैरानी हुई। वास्तव में इसके पीछे एक कारण था और वह कारण थे गांधीजी। गांधीजी को उनके स्वास्थ्य की बड़ी चिंता रहती थी। अतः इस बारे में उन्होंने कर्नल डायल को सूचित किया तो डायल ने जेल सुपरिंटेंडेंट को काका साहब के साथ उचित व्यवहार करने की हिदायत दी थी।

जब काका साहब यरवदा जेल में गांधीजी के साथ थे तो गांधीजी उनके साथ आकाश-दर्शन के बारे में विशेष रूप से चर्चा किया करते थे, लेकिन इस बार उनके साथ काका साहब नहीं थे। अतः 3 जून, 1932 को उन्होंने काका साहब को पत्र लिखा—

''आकाश-दर्शन की एकाध पुस्तक तो मेरे पास रहती ही है। मैं इस विषय से अच्छी तरह लिपट गया हूँ। अब आपसे बातें करते समय बिल्कुल मूढ़ जैसा नहीं लगूँगा। जो पुस्तकें मेरे हाथ में आई हैं, उनमें अब तक सबसे अधिक उपयोगी तो 'फ्लामेलिया' की ही पुस्तक मालूम होती है। दीक्षित की पुस्तक में मेहनत खूब दिखाई देती है, लेकिन सीखनेवाले की दृष्टि से उसमें कई सुधारों की आवश्यकता है।

एक अच्छी सी पुस्तक गुजराती में भी होनी चाहिए। उसमें खगोलविद्या का ज्ञान भी हो और अनुभव का मिश्रण भी हो। यदि आप यहाँ होते तो मैं इस तरह की पुस्तकें आपसे लिखवाता और मैं भी उसमें अपना योगदान देता। मेरी जानकारी बिल्कुल कच्ची है, नहीं तो मैं स्वयं ही लिखने बैठ जाता। मुझे इसमें इतना रस आने लगा है। मैं इस विज्ञान की धार्मिक उपयोगिता देख चुका हूँ।''

चूँकि गांधीजी हमेशा ही काका साहब के स्वास्थ्य को लेकर चिंतित

रहते थे और विशेषकर तब तो वे और अधिक चिंतित हो जाते थे, जब काका साहब उनसे दूर हो जाते थे। जब काका साहब हिंडलगा जेल में थे, तब उन्होंने 23 जुलाई, 1932 को काका साहब को एक पत्र लिखा—

''मैंने आपके स्वास्थ्य के बारे में कर्नल डायल को लिखा है और आपको यहाँ मेरे पास रखने की सूचना भी दी है। आपको यहाँ लाकर रखवाते तो आपके स्वास्थ्य में तुरंत सुधार आ ही जाता, साथ-ही-साथ खगोल विज्ञान का अध्ययन भी हो जाता और कुछ लिखा भी जाता। खगोल के बारे में आप जो अनुमान लगाते हैं, वही कहने का मेरा भावार्थ है।

वह सब तो रोचक है ही, लेकिन मेरा रस तो अलग प्रकार का है। आकाश का निरीक्षण करते समय अनंतता, स्वच्छता, नियम और भव्यता का जो विचार आता है, वह हमें शुद्ध करता है। ग्रहों और सितारों तक पहुँच सकें तो पृथ्वी के ऊपर जैसा हमें अच्छे-बुरे का अनुभव होता है, वैसा ही वहाँ भी हो सकता है। पर दूर से उनमें जो सौंदर्य होता है और वहाँ से शीतलता छूट रही है, उसका मन पर शांत प्रभाव पड़ता है। वह सब मुझे अलौकिक करता है।

इस प्रकार के विचारों ने मुझे आकाश-दर्शन के बारे में पागल बना दिया और अपने संतोष के लिए मैं ज्ञान प्राप्त कर रहा हूँ। अब तो कई पुस्तकें मेरे पास इकट्ठी हो गई हैं। इनमें जेम्स जींस की तीन पुस्तकें प्रोफेसर त्रिवेदीजी ने भेज दीं। दो बड़ी थीं, वे तो मैंने पढ़ भी डालीं। मुझे दोनों ही पुस्तकें अच्छी लगीं...मैं गुजराती में किस तरह की पुस्तक चाहता हूँ, इस विषय में फिलहाल कुछ भी नहीं लिखूँगा, क्योंकि विचार अभी आकार ले रहे हैं। अभी से ढाँचा बनाना भी ठीक नहीं है और आसान भी नहीं है।''

काका साहब का स्वास्थ्य खराब रहने लगा था, इसीलिए जब उन्होंने कुछ समय के लिए चरखा न कातने की गांधीजी से अनुमति माँगी तो गांधीजी ने उन्हें इसकी अनुमति दे दी। इस विषय में गांधीजी ने उन्हें पत्र लिखा—

''जैसे आपने कातने से छुट्टी ले ली है, वैसे ही लिखने-पढ़ने से भी ले लें तो कोई हर्ज नहीं। छुट्टी तो सुबह-शाम घूमने और टहलने से नहीं लेनी चाहिए। हमने इसका यरवदा में अनुभव किया था। काफी टहलते रहिए।

टहलते, व्यायाम करते और खाते-पीते आराम करते जो समय बचता है, उतना ही पढ़ने-लिखने के लिए पर्याप्त है।

जिंस की जो तीन पुस्तकें मेरे पास हैं, आपको भेज रहा हूँ। तीनों पुस्तकें मुझे बहुत पसंद आईं। मैं देखता हूँ कि उसके विचारों का विरोध करनेवाले भी हैं। ये पुस्तकें मुझे दो-तीन बार पढ़नी चाहिए। कई बातों का चित्र मेरे सामने स्पष्ट नहीं हुआ है। फिर भी अब इस विषय के प्रति मेरा आकर्षण बढ़ गया है।

अनशन की बात सुनकर आपको हर्ष हुआ होगा। आध्यात्मिक दृष्टि से सोचनेवालों के लिए जन्म और मृत्यु एक ही है। कोई साथी धर्म के लिए शरीर त्याग दे तो वह शोक का कारण हो ही नहीं सकता। ऐसा अवसर कदाचित् किसी को एकाध बार ही कभी मिल पाता है, उसका स्वागत करना चाहिए। आप व्याकुल न हों, बल्कि अधिक जाग्रत और अधिक कर्तव्यपरायण हों। सेहत सुधार कर ही बाहर आना। कई आहुतियाँ देनी पड़ेंगी, तभी अस्पृश्यता का कलंक साफ होगा। शंकर मजे में हैं, उससे मिला था।''

दिसंबर 1932 को काका साहब को रिहा कर दिया गया। जेल में उचित देखभाल न होने के कारण उनका स्वास्थ्य खराब हो गया था। अत: वे स्वास्थ्य लाभ के लिए बंबई गए और वहाँ डॉक्टरी जाँच करवाई, जिससे उन्हें शीघ्र ही लाभ मिला। इसके बाद वे पूना गए और फिर वहाँ से अहमदाबाद लौट आए। अहमदाबाद में अंग्रेजी अत्याचार के कारण वातावरण में सन्नाटा पसरा हुआ था। अत: उन्होंने यहाँ एक जोरदार भाषण दिया, जिससे लोगों में एक तरह से नवीन ऊर्जा का संचार हुआ। फिर क्या था कि धीरे-धीरे लोग उनका भाषण सुनने के लिए बड़ी संख्या में आने लगे। उन्होंने अपने एक मित्र को इस विषय में एक पत्र लिखा, जिस पुडलीक कातगड़े ने 'सप्रेम वंदेमातरम्' में इस प्रकार दिया है—

''मैंने पहले ही कलेक्टर को पत्र लिखकर सूचित किया कि अब मैं सविनय अवज्ञा आंदोलन शुरू कर दूँगा या तो हस्तलिखित पत्रिकाएँ वितरित करूँगा या फिर रास गाँव की ओर कूच करूँगा। उन्होंने हम तीनों को—मुझे,

अंबालाल पटेल और सुरेंद्र मश्रुवाला को तुरंत ही हिरासत में ले लिया, लेकिन मध्यरात्रि के समय उन्हें छोड़ दिया गया। उन्हें लगा होगा कि ये लोग अब यहाँ से रास की ओर कूच करेंगे। वहाँ का पुलिस बल उन्हें पकड़े। हमारे यहाँ सब शांत है, ऐसा हम कहते आए हैं तो उसे कलंक क्यों लगाएँ?

मैंने रास की ओर कूच करने का कार्यक्रम रद्द कर दिया और यहीं बैठकर पत्रिकाएँ निकालने लगा। पत्रिकाओं की बौछार ही लगा दी, समझिए। शुरू-शुरू में कोई उन्हें छूता तक नहीं था, मानो बिच्छू हों। बाद में लोग झपटा-झपटी करने लगे। मैंने कलेक्टर को दो पत्रिकाएँ भेज दीं और साथ में एक पत्र लिखकर बताया कि इस तरह पकड़कर रात के समय छोड़ देना अपने आपको सर्वसमर्थ माननेवाली सरकार को शोभा नहीं देता। 'सिविल रजिस्टर' की कृति को 'रिस्पोंस' भी 'सिविल' ही मिलना चाहिए।

मैंने उन्हें यह भी बताया कि मैं रास की ओर कूच नहीं करूँगा। यहीं रहूँगा। पत्रिकाएँ निकालूँगा। भाषण दूँगा। तब पुलिस भी जोश में आ गई। फिर भी ये लोग हमें गिरफ्तार करना नहीं चाहते थे। हमें क्या? हमने कार्बन पेपर लेकर पत्रिकाएँ निकालने का एक कल-कारखाना ही शुरू कर दिया और पत्रिकाएँ खुलेआम बाँटने का कार्यक्रम चलाया। हर पत्रिका पर मेरा नाम रहता है। पत्रिकाओं का नाम ही है—काका कालेलकर नी पत्रिका नं. 1,2,3…इस तरह। अंत में पुलिस ने अपनी नीति बदली। पहले अंबालाल को गिरफ्तार किया और बाद में सुरेंद्र को। अब उन पर मुकदमा चलेगा।…मैं अब भी बाहर हूँ। खुलेआम पत्रिकाएँ निकलता हूँ। सी.आई.डी. के लोग घर पर आकर देखते हैं, लेकिन मुझे गिरफ्तार नहीं करते। अब मैं मजदूरों के बीच जाकर भाषण देने लगूँगा। रोज पकड़कर रोज छोड़ देंगे तो त्रिस्थली की यह नई यात्र। रोज करता रहूँगा। साल भर यही करता रहूँगा।''

अंबालाल को गिरफ्तार कर लिया गया था और उन्हें छह महीने की सजा सुनाई गई थी। काका साहब की दृष्टि में यह अन्याय था और अन्याय के खिलाफ वे शांत कैसे रह सकते थे। अत: उन्होंने मजदूरों के बीच जाकर ब्रिटिश सरकार के अत्याचारी शासन को निशाना बनाते हुए भाषण देना शुरू

कर दिया। परिणामस्वरूप सरकार बौखला गई और उसने उन्हें गिरफ्तार कर जेल भेज दिया। इस बार उन्हें हैदराबाद की जेल में भेज दिया गया। इस जेल में उनकी मुलाकात साम्यवादी नेता कामरेड श्रीपाद डांगे से हुई। यह जेल अन्य जेलों से भिन्न थी, यहाँ सुविधाओं का अभाव था। फिर भी एक महत्त्वपूर्ण बात यह रही कि काका साहब के लिए अब तक के जेल जीवन का यह अनोखा अनुभव था।

□

भाषावाद की समस्या

जुलाई 1933 में गांधीजी ने साबरमती आश्रम का विसर्जन कर दिया और इसके पीछे मुख्य कारण था गांधीजी की प्रतिज्ञा। गांधीजी ने प्रतिज्ञा की थी कि जब तक स्वराज्य नहीं मिल जाता, वे आश्रम में कदम नहीं रखेंगे और गांधीजी के बिना आश्रम चलाने का कोई औचित्य नहीं बनता था। इसके अलावा एक और कारण यह था कि लोग दिन-प्रतिदिन आश्रम की आलोचना करने लगे थे और ये आलोचक कोई और नहीं, बल्कि गांधीजी के निकटतम साथी थे। गांधीजी को और विशेषकर आश्रम को निशाना बनाकर निंदा करनेवालों के बारे में काका साहब के विचार इस प्रकार हैं—

"...आचार्य कृपलानी तो स्वयं आश्रम के संचालक थे और गांधीजी के सभी सिद्धांतों को मानते थे। उन्हें गांधीजी की कई बातें पसंद नहीं थीं, पर वे निभा लेते थे। अधिकतर आश्रमवासी बुद्धू, व्यवहार-शून्य, श्रद्धा जड़ और अपनी तुच्छता को न पहचाननेवाले हैं, ऐसा उनका खयाल था। हालाँकि उनसे काम लेने की हमेशा उनकी तैयारी रहती थी। अनेक ने उनका बराबर [illegible] दिया था, लेकिन सामान्यत: आश्रमवासियों के प्रति उनके मन में आदर कम था।

जवाहरलालजी ने आश्रम-जीवन की या आश्रम-आदर्शों की कभी भी खुलेआम आलोचना नहीं की। राष्ट्रपुरुष और इतिहासकार होने के कारण वे हर चीज का समाज पर क्या असर होता है, उसी को देखते थे। फल देखकर वृक्ष की कीमत लगाते थे। गांधीजी के कार्य की बुनियाद में आध्यात्मिक निष्ठा

और शक्ति है, इतना तो वे पहचान सके, फिर भी आश्रम के विधि-विधान, नियमावली, कार्यक्रम और परंपरा के बारे में उनके मन में कोई आदर नहीं था। आश्रम-जीवन में ग्राह्य वस्तु उन्हें बहुत कम दिखाई पड़ी। इन कारणों से गांधीजी का उत्साह कम हो गया था।''

गांधीजी ने आश्रम का विसर्जन तो कर ही दिया था और अब केवल ग्रंथालय बचा था। उसे भी उन्होंने इस विचार से कि इसका सदुपयोग होता रहे, नगरपालिका को सौंप दिया। जब काका साहब हैदराबाद जेल से रिहा हुए और ग्रंथालय के नगरपालिका के नियंत्रण में जाने की बात सुनी तो उन्होंने गांधीजी को पत्र लिखा, जिसमें लिखा था—

''विद्यापीठ का ग्रंथालय नगरपालिका को सौंप देने की बात आप ही ने उठाई थी। अब चूँकि आश्रम का ग्रंथालय, जो आश्रम की ओर से विद्यापीठ को दिया गया था, आपने नगरपालिका को सौंप दिया है तो मैं समझता हूँ कि दोनों ग्रंथालय नगरपालिका के पास रहें, यही आपकी इच्छा है, अन्यथा आप यह कदम न उठाते। इस विचार से मैंने भी निश्चय किया है कि विद्यापीठ का ग्रंथालय नगरपालिका को सौंप दूँ। यही उसके लिए श्रेयस्कर है। दस साल तक या उससे भी अधिक समय तक हम सबको जेलों में रहना होगा, तो फिर पुस्तकें सरकार के कब्जे में क्यों सड़ने दी जाएँ? दस साल के बाद जब परिस्थिति बदल जाएगी, हम सारा विचार दूसरे ढंग से करेंगे। वैसे भी विद्यापीठ की प्रवृत्ति का फिलहाल एक स्वाभाविक अंत आ गया है। अतः लोग ग्रंथालय का उपयोग करते रहें, यही अच्छा है।''

गांधीजी को यह पत्र भेजने के बाद काका साहब ने उनसे मुलाकात की। काका साहब ने उनसे विद्यापीठ का ग्रंथालय नगरपालिका को सौंपने के बारे में बात की, जिसे उन्होंने स्वीकार कर लिया। दूसरी ओर जब सरदार पटेल को इसकी सूचना मिली तो वे बहुत नाराज हुए। जब वे नासिक जेल से बाहर आए तो उन्होंने काका साहब के अधिकारों को लेकर आपत्ति जताई। सरदार पटेल का कहना था कि विद्यापीठ एक ट्रस्ट है और ट्रस्ट की किसी भी संपत्ति को इस तरह किसी अन्य संस्था को सौंप देने का काका साहब को

कोई अधिकार नहीं था। बाद में, कानूनी नियमानुसार विद्यापीठ का ग्रंथालय नगरपालिका से वापस ले लिया गया।

इस घटना से काका साहब बहुत दुःखी हुए। उन्होंने सरदार पटेल के सामने अपना पक्ष रखते हुए कहा कि मैंने विद्यापीठ का ग्रंथालय नगरपालिका को अपनी इच्छा से नहीं, बल्कि गांधीजी से सलाह के बाद ही दिया था। उस समय स्थिति ऐसी थी कि ट्रस्टियों से मैं पूछ न सका और मंडल की सलाह लेने के लिए मैं बँधा हुआ नहीं था। मैंने जो भी कदम उठाया, वह गांधीजी से सलाह करके ही उठाया और मैं इसकी जिम्मेदारी लेता हूँ। उसके लिए जो प्रायश्चित्त करना आवश्यक है, वह मैं करने के लिए तैयार हूँ।

काका साहब का मन दुःखी तो था ही, इसीलिए जब सितंबर 1934 में उन्होंने गुजरात छोड़ने का फैसला किया तो गांधीजी ने उनसे कहा कि वे उन सभी संस्थाओं से स्वयं को मुक्त कर लें, जिनसे उनका संवैधानिक संबंध है। काका साहब ने उनकी बात स्वीकार कर ली। इसके बाद गांधीजी ने उनसे पूछा कि क्या वे राष्ट्रभाषा के प्रसार-कार्य की जिम्मेदारी उठाएँगे। गांधीजी उन्हें कोई कार्य सौंपें और वे उसे न करें, ऐसा भला कैसे हो सकता था। उन्होंने इस कार्य के लिए अपनी स्वीकृति दे दी।

उन दिनों हिंदी और उर्दू को लेकर विवाद छिड़ा हुआ था। अधिकतर लोग उन्हें अलग-अलग भाषाओं के रूप में देखते थे, जबकि गांधीजी और काका साहब इन दोनों भाषाओं को एक ही भाषा के रूप में देखते थे। हिंदी भाषा के स्पष्टीकरण में गांधीजी के विचार इस प्रकार हैं—

"मैं हिंदी उस भाषा को कहता हूँ, जो उत्तर भारत में हिंदू और मुसलमान दोनों बोलते हैं और जो देवनागरी या फारसी लिपि में लिखी जाती है। हिंदी और उर्दू दो अलग-अलग भाषाएँ हैं—यह जो कहा जाता है, वह वास्तविक नहीं है। हिंदुस्तान के उत्तरी हिस्से में हिंदू और मुसलमान दोनों एक ही भाषा बोलते हैं। अंतर तो सिर्फ पढ़े-लिखे लोगों ने पैदा किया है। पढ़े-लिखे हिंदू हिंदी को केवल संस्कृतमय बना देते हैं। परिणाम यह होता है कि मुसलमान उसे समझ नहीं पाते। पढ़े-लिखे मुसलमान उसे फारसीमय बनाकर ऐसी शक्ल

दे देते हैं कि हिंदू समझ न सकें। उत्तरी हिंदुस्तान में जिस भाषा को वहाँ का आम जनसमाज बोलता है—उसे चाहें आप उर्दू कहें, चाहे हिंदी, बात एक ही है। फारसी लिपि में लिखकर उसे उर्दू के नाम से पहचानिए और उन्हीं वाक्यों को देवनागरी में लिखकर उसे हिंदी कह सकते हैं।''

सन् 1934 के अंत में काका साहब गांधीजी की आज्ञा से हिंदी के प्रचार-कार्य के लिए दक्षिण भारत के दौरे पर गए। वहाँ पहले से ही पंडित हरिहर शर्मा हिंदी के प्रचार का कार्य करते आए थे और उनकी सहायता के लिए ही काका साहब को वहाँ भेजा गया था। जब काका साहब ने हिंदी के प्रचार-कार्य की शुरुआत मद्रास से की तो वहाँ उन्हें लोगों का ठीक-ठाक सहयोग मिला। इसके बाद वे केरल गए, जहाँ उन्हें खासी मशक्कत करनी पड़ी। वहाँ के लोगों को संबोधित करते हुए उन्होंने कहा—

''मैं न तो उत्तर का हूँ और न दक्षिण का। उत्तर और दक्षिण के बीच का—जरा पश्चिम की ओर का हूँ। यदि उत्तर के लोग दक्षिण में आक्रमण करने के लिए आएँ तो बीच में हम जो लोग हैं—वे क्या उन्हें नहीं रोकेंगे? मैं आपको विश्वास दिलाता हूँ कि आपकी ओर से मैं उन लोगों के खिलाफ लड़ूँगा। आप जानते ही होंगे कि मैं महाराष्ट्र का हूँ। महाराष्ट्र के लोगों को उत्तर के लोग दक्षिणी कहते हैं। अतः मैं दक्षिण का भी हूँ। मैं उत्तर के लोगों की ओर से आप पर क्यों आक्रमण करूँगा?

भाषा के बारे में कुछ कहूँ कि इससे पहले एक बात की ओर मैं आप लोगों का ध्यान खींचना चाहता हूँ। संकट देखकर अपने आसपास दीवारें खड़ी करना और उनके अंदर रहकर आत्मरक्षा करना—यह आत्मरक्षा का अच्छा तरीका नहीं है। जिनके आक्रमण का आपको डर है, आप उन्हीं पर आक्रमण क्यों न करें।

मैं एक उदाहरण देता हूँ। संस्कृत भाषा केवल उत्तर की ही भाषा न थी और शंकराचार्य कौन थे? कहाँ के थे? केरल के ही न? केरल के बचाव के लिए उन्होंने आसपास सांस्कृतिक दीवारें खड़ी नहीं कीं। उन्होंने उत्तर की भाषा सीख ली और उत्तर पर ही आक्रमण किया। यह केरली नौजवान सारे

देश में अकेला वाद-विवाद के लिए लोगों को चुनौती देता हुआ घूमता था। आपको शंकराचार्य का ही अनुकरण करना चाहिए।

मैं आपको यह कहने आया हूँ कि जब कल भारत स्वतंत्र होगा तो केरल का राज्य न अंग्रेजी में चलेगा और न हिंदी में। वह तो केवल मलयालम में चलेगा। यह मलयालम का अधिकार है, वह उसे कोई हानि नहीं पहुँचाएगा। पर साथ-साथ हमें भारत की एकता को भी सँभालना है। बिना एकता के न हमारी स्वतंत्रता टिकेगी और न ही हमारा सामर्थ्य। संसार में हमारी प्रतिष्ठा भी न जम पाएगी। इस एकता के लिए हमें एक स्वदेशी भाषा को राष्ट्रभाषा के रूप में चुनना है और वह हिंदी ही हो सकती है। अपनी भाषा के अलावा हम सबको एक और जरूरी दूसरी भाषा के रूप में हिंदी सीखनी है। शंकराचार्य की तरह आप यह उत्तर की भाषा सीख लें और उत्तर पर ही सांस्कृतिक एकता का आक्रमण करें। जो काम किसी जमाने में शंकराचार्य ने किया था, वही आज आपको दूसरे ढंग से करना है।''

काका साहब की बातों का लोगों पर इतना प्रभाव पड़ा कि केरल में हिंदी के प्रचार-कार्य में उन्होंने बहुत सहायता की। काका साहब ने केवल हिंदी के लिए प्रचार-कार्य को ही अंजाम नहीं दिया, बल्कि उन्होंने हिंदी के लिए निधि जुटाने का भी कार्य किया। इस बारे में मिले अनुभव को व्यक्त करते हुए उन्होंने लिखा है कि यह कोई आसान काम नहीं था, लेकिन फिर भी मैंने पूरी तन्मयता से इस जिम्मेदारी को वहन किया और अपेक्षित सफलता अर्जित की। इसके बाद वे वर्धा लौट आए, जो गांधीजी का मुख्यालय बन चुका था।

वर्धा में काका साहब ने राष्ट्रभाषा के प्रचारकों के लिए एक प्रशिक्षण केंद्र शुरू कर दिया था, जहाँ अहिंदी प्रदेशों के छात्र हिंदी की शिक्षा ग्रहण करते थे। उन दिनों वर्धा में हैजे की बीमारी ने विकराल रूप धारण कर लिया था। इसी बीमारी के कारण उनके सहयोगियों गजानन और पांडुरंग की मृत्यु हो गई थी और वे स्वयं भी इसकी चपेट में आ गए थे, जिससे उनके स्वास्थ्य में दिन-प्रतिदिन गिरावट आने लगी थी। इस बारे में उन्होंने लिखा है—

''मैं गंभीर रूप से बीमार हो जाऊँ और बापूजी मुझे देखने न आएँ—यह

तो असंभव था। वे तुरंत आ गए। मैंने उनसे कहा, 'मैं नहीं चाहता कि आप मेरे लिए तकलीफ उठाएँ।' अतः वे सेवाग्राम वापस चले गए। फिर भी उनकी चिंता दूर नहीं हुई। सेवाग्राम से उन्होंने मेरे लिए चिट्ठी लिखी—'मैं जान-बूझकर हृदय कठोर करके नहीं आता—जल्दी अच्छे हो जाइए।'

वर्धा के एक डॉक्टर महोदय मेरा उपचार कर रहे थे। उनकी मदद के लिए बापूजी ने सुशीला नैयर को भेज दिया। उन दिनों अमृतलाल नानावटी सेवाग्राम में थे। उन्हें मेरी सेवा करने के लिए भेज दिया। इस पर भी वे बीच-बीच में आ जाते थे। पांडुरंग और गजानन को अस्पताल ले जाया गया था, जहाँ दोनों की मृत्यु हो गई। साथियों ने यह खबर मुझसे छिपाकर रखी। मैं उनकी चिंता न करूँ, यह तो असंभव था। जब उनके बारे में साथियों ने बोलना बंद कर दिया तो मैं समझ गया।

जब बापूजी को मालूम हुआ कि पांडुरंग और गजानन की मृत्यु की बात मुझसे छिपाई गई है तो उन्हें बहुत दुःख हुआ। वे कहने लगे, 'काका को दुःख होगा, यह तो स्वाभाविक है, क्योंकि दोनों ही उनके करीबी साथी थे। पर इस दुःखद समाचार से उन्हें जो आघात होगा, उसे वे सह नहीं पाएँगे—यह मानना गलत है। आप उन्हें पहचानते नहीं हैं, ऐसा ही कहना होगा। आप कब तक यह उनसे छिपाकर रखेंगे? जब वे पूछेंगे तो तब क्या आप झूठ बोलेंगे?' उन्होंने तुरंत एक पत्र लिखा—'पांडुरंग और दाबके तो वहाँ गए, जहाँ हम सभी को एक-न-एक दिन जाना ही है। यह बात आपसे छिपाकर रखी है, लेकिन छिपाकर रखना क्या है? आपको यह मालूम हो जाए और आप दुःखी न हों, यही आवश्यक है। ऐसे दुःखद समाचार हजम करने में ही हमारी गीता अभ्यास की भी परीक्षा होती है न?'

मुझे दोनों की मृत्यु का दुःख तो हुआ, लेकिन मुझे भी उनके पीछे-पीछे जाना था। मैं उसी की तैयारी में था। महादेवभाई चिट्ठी लेकर आए थे। मैंने उनसे कहा कि हैजे की बीमारी में विचार-शक्ति क्षीण नहीं होती। उससे जो ग्रसित हो जाता है, वह बच नहीं पाता और सौ फीसदी मृत्यु का ग्रास बन जाता है। अतः मैं चित्तवृत्ति शांत रखकर जन्म-मृत्यु का समान भाव से चिंतन

करने की साधना में मग्न हूँ। बापूजी को बताना कि उनके पत्र से मेरे चिंतन की मजबूती बढ़ी है।''

जैसे ही काका साहब के स्वास्थ्य में सुधार हुआ, वे फिर से राष्ट्रभाषा के प्रचार-कार्य में तन्मयता से जुट गए। देश की भाषा एक हो, इसे लेकर विवाद उपज गया था। हिंदुओं का मानना था कि हिंदी ही देश की राष्ट्रभाषा के योग्य है, जबकि मुसलमानों का मानना था कि उर्दू राष्ट्रभाषा बननी चाहिए। काका साहब यह अनोखा विवाद देखकर चिंतित हो उठे और कहने लगे, ''ऐसा प्रतीत होता है कि हम परतंत्रता से उतना नहीं डरते, जितना आपसी मेलजोल से डरते हैं।''

सन् 1942 में गांधीजी ने 'भारत छोड़ो' आंदोलन छेड़ दिया। एक विशाल जनसमूह गांधीजी के नेतृत्व में अंग्रेजों के खिलाफ आ खड़ा हुआ। फलस्वरूप अनेक बड़े-बड़े नेताओं को गिरफ्तार कर लिया गया। इनमें काका साहब भी शामिल थे।

□

स्वतंत्रता की छाँव में

सन् 1945 में काका साहब जेल से बाहर आ गए। सन् 1939 से लेकर सन् 1945 तक चलनेवाले द्वितीय विश्वयुद्ध ने संपूर्ण विश्व को झकझोरकर रख दिया था। इस दौरान भारी जन-धन की हानि हुई थी। इंग्लैंड को भारी क्षति उठानी पड़ी थी। भले इस विश्वयुद्ध में उसका पक्ष विजयी रहा हो, लेकिन फिर भी उसकी शक्ति कई मायनों में कमजोर हो गई थी। इसी कारण काका साहब का विचार था कि अब अधिक समय तक अंग्रेज भारत को अपने अधिकार में नहीं रख सकते।

जैसे-जैसे स्वतंत्रता निकट आती जा रही थी, वैसे-वैसे हिंदुओं और मुसलमानों के बीच वैमनस्य बढ़ता जा रहा था। सन् 1946 में हिंदू-मुसलिम दंगे भड़क उठे, जिससे भारी जनहिंसा हुई। इस तरह आपस में लड़ते-मरते देख कांग्रेसी नेताओं का दिल भरभरा उठा और वे देश के विभाजन के लिए तैयार हो गए, जबकि गांधीजी इसके लिए किसी भी हालत में तैयार नहीं थे। अंतत: देश का विभाजन हुआ और भारत को आजादी मिली, लेकिन लाशों के टुकड़ों के रूप में। मुसलिम लीग की माँग के अनुसार उसने विभाजन के रूप में पाकिस्तान को स्वीकार किया। काका साहब और गांधीजी का हृदय इस तरह स्वतंत्रता मिलने से व्यथित था। जब काका साहब पार्वतीपुर स्टेशन पर थे, उस समय रात्रि का मध्य प्रहर था। स्वतंत्रता की जयघोष सुनते ही उनका हृदय गद्‌गद हो उठा। उन्होंने गांधीजी को पत्र लिखा—

''परमात्मा की कृपा से और आपके पुण्य प्रताप से हम आज का दिन

देख सके। मैंने सन् 1906 में स्वतंत्रता की प्रतिज्ञा ली थी। तब से जीवन ने कई पलटे खाए, फिर भी यह संकल्प अविचल रहा। वही मुझे हिमालय से वापस सेवाक्षेत्र में ले आया। सन् 1915 में शांति निकेतन में आपके दर्शन हुए। देश की स्वतंत्रता और आध्यात्मिक मोक्ष दो भिन्न आदर्श नहीं हैं—इस बात का स्पष्ट साक्षात्कार आप ही ने करा दिया। अतः मैंने अपनी तुच्छ सेवाएँ आपके चरणों में अर्पित कर दीं और तब से देश की स्वतंत्रता का अर्थ स्पष्ट होता गया।

आज जब संपूर्ण देश के साथ हृदय की उमंग से स्वातंत्र्य प्राप्ति का उत्सव मना रहा हूँ, तब दिल कहता है कि सच्ची स्वतंत्रता तो अभी दूर ही है। फिर भी विश्वास है कि वह निकट ही आ जाएगी। भविष्य में जो भी करूँगा, उसमें सांप्रदायिक एकता, दीन-दलित और पतितों की सेवा ही मुख्य उद्‌देश्य रहेगा। इस कार्य के लिए जो दृष्टि, निष्ठा और पवित्रता आवश्यक है, वह मुझे उपलब्ध हो, यही आशीर्वाद आप मुझे दें। अब मुझमें संस्था के द्वारा कार्य करने का कोई विशेष उत्साह नहीं रहा है। फिर भी हाथ में लिया गया संगठन-कार्य करना ही होगा और अब से जो कार्य अकेले या साथियों के सहयोग से सरलता से हो सकेगा, उसी की ओर विशेष झुकाव रहेगा।

परम आनंद की बात है कि पहले पैंतीस वर्षों से अंग्रेजों के प्रति मन में जो द्वेष दृढ हुआ था, वह धीरे-धीरे कम होकर आज पूरी तरह से विलुप्त हो गया है। यह सब आपके चरणों की सेवा का ही प्रतिफल है। आज ऐसे में महादेवभाई का स्मरण हुए बिना कैसे रहेगा?''

अपना सर्वस्व त्यागकर गांधीजी ने देश की सेवा की थी। यह उनके ही प्रयासों का परिणाम था कि अंग्रेज भारत छोड़ने पर मजबूर हो गए थे। इसी बीच कुछ सांप्रदायिक ताकतें भी उभर आई थीं, जिसका परिणाम यह हुआ कि 30 जनवरी, 1948 को गांधीजी की हत्या कर दी गई। इस जघन्य अपराध से पूरा देश हिल उठा। चारों ओर हाहाकार की स्थिति उत्पन्न हो गई। उनके परम प्रिय सेवक कहें या सहयोगी काका साहब के पैरों के नीचे से मानो जमीन खिसक गई। वे एक प्रकार से गांधीजी के भक्त थे…सच्चे भक्त। जब

स्वामी सदैव के लिए अलग होता है तो भक्त को अपार पीड़ा होती है और वही सब काका साहब के साथ हुआ। गांधीजी के प्रति काका साहब की भक्ति के बारे में किशोरलालभाई ने लिखा है—

"काका साहब की भक्ति गांधीजी के प्रति विलक्षण है। यदि कोई उन्हें गांधीजी का अंधभक्त कहे तो उसमें उन्हें शर्म नहीं लगती। उन्हें गांधीजी के विचारों का अनुसरण करके अपने विचार बनाने का प्रयत्न करने में उन्हें हीनता नहीं लगती। गंगाधरराव देशपांडे ने हुबली में हुए गांधी सेवासंघ के सम्मेलन में कहा था कि कई लोग हमें गांधीजी के अनुयायी कहते हैं और मैं भी कहता हूँ कि हाँ, मैं हूँ। गांधीजी की सूझबूझ का अनुभव हमें हो चुका है और हमने देख लिया है कि उनके सामने हमारी बुद्धि बालक जैसी ही है तो फिर विश्वासपूर्वक उनका अनुसरण क्यों न करें?

इसी विचारधारा को काका साहब ने अन्य रूप में व्यक्त किया है। उन्होंने कहा है कि धारासभाओं में जाने-न-जाने के प्रश्न पर पहली बार जब विवाद हुआ तो तब जो लोग धारासभाओं में जाने के पक्ष में थे, उन्हें परिवर्तनवादी कहा जाता था और जो धारासभाओं में जाने के पक्ष में न थे, उन्हें अपरिवर्तनवादी कहा जाता था।

मैं कहता था कि न तो मैं परिवर्तनवादी हूँ और न ही अपरिवर्तनवादी। मैं तो सहपरिवर्तनवादी हूँ। यानी जिस पक्ष में गांधीजी जाएँ, उसी में मैं जाऊँगा। पढ़ने में यह विचित्र लगेगा, लेकिन गंगाधररावजी की पृष्ठभूमि के साथ विचार करने पर यह नहीं कहा जा सकता कि यह वृत्ति पूरी तरह दोषपूर्ण ही है। काका साहब केवल श्रद्धावान् भक्त ही नहीं हैं, बल्कि एक सिपाही भी हैं और सिपाही भी ऐसे कि योजना बनाने और उसे पूरी करने की क्षमता भी रखते हैं। गांधीजी ने उन्हें जिस क्षेत्र में रखा, उसमें पुरानी सनातनधर्मी की श्रद्धा, आर्यसमाजी का जोश, सत्याग्रही का हठ, न्यायिक की वाक्पटुता और सफल प्रबंधक की चतुराई से उन्होंने गांधीजी के मत का प्रचार किया। उस मत को किसी दूसरे को हृदयंगम कराकर उसे सुदृढ किया। इस तरह उसके अमल की व्यवस्था की।"

काका साहब गांधीजी के प्रिय थे···अत्यंत प्रिय। गांधीजी के बलिदान से काका साहब को भारी दु:ख हुआ था। इस तरह वे स्वतंत्रता की छाँव में बैठेंगे, उन्होंने इसकी कल्पना तक न की थी।

गांधीजी और काका साहब के व्यक्ति में अनेक समानताएँ थीं। इनमें एक विशेष समानता भ्रमण करने की भी थी। दोनों ही महानुभावों ने अपना अधिकांश समय यात्रा करते हुए ही व्यतीत किया। इस बारे में किशोरलालभाई के विचार इस प्रकार हैं—

"काका साहब का भ्रमण गांधीजी से भी अधिक रहा हो, यह कहना असंभव नहीं है। हाँ, दोनों की आँखों की रचना अलग-अलग है। दोनों ही ने अपने-अपने भ्रमण में जो देश-दर्शन किया, वह भिन्न-भिन्न प्रकार का और एक-दूसरे के अनुभवों की पूर्ति करनेवाला है। गांधीजी के करुणामय और अर्थ-शोधक नेत्रों ने देखा कि हिंदुस्तान गाँवों में बसा हुआ है, जो गाँव गंदगी के ढेरों के बीच बसे हैं और गंदगी तथा रोगों का केंद्र हैं।

काका साहब के रसपूर्ण और सौंदर्यशोधक नेत्रों ने चारों ओर सौंदर्य का प्रसार देखा। वे जहाँ भी गए, वहाँ उन्होंने पर्वत देखे, पर्वतों के हिमाच्छादित उच्च शिखर देखे, आकाश को छूनेवाले ऊँचे-ऊँचे वृक्ष देखे, नदियों का विस्तार, निनाद और उनमें अचानक आनेवाली बाढ़ों के दर्शन किए, झरनों का शांत और और आवेगपूर्ण प्रवाह देखा। बसंत के फूलों, तितलियों और पक्षियों में अद्भुत कारीगरी से सँजोए हुए तरह-तरह के रसीले रंगों के भी दर्शन किए। इस तरह चारों ओर प्रकृति के सौंदर्य विस्तार को देखा। साथ ही उन्होंने सौंदर्य के साथ एकपूर्ण हुए कलापूर्ण हाथों से निर्मित इमारती सौंदर्य को देखा, कंठों से अद्भुत नाद-सौंदर्य का अनुभव किया और वाणी द्वारा निर्मित भाषा-सौंदर्य के भी दर्शन किए, लेकिन इतना तो उन्होंने दीपक या दिन के अँधेरे में देखा और इससे भी अधिक उन्होंने चंद्रमा की चाँदनी से परिपूर्ण या चंद्रविहीन रात्रि के प्रकाश में देखा।

पूर्ण चंद्र से निरसित शुभ्र चाँदनी और आकाश में क्रीड़ा कर रहे तारों की चंचल आँखों तथा रासमंडली के भी उन्होंने दर्शन किए। उसमें उन्हें पौराणिक

आख्यानों के दर्शन हुए और उन सबका भाषा के चमत्कार से परिपूर्ण वाणी में उन्होंने वर्णन किया।''

काका साहब ने अपने जीवन में अनेक यात्राएँ कीं, लेकिन उन्होंने यात्राएँ अपने निजी आनंद का अनुभव लेने के लिए नहीं, बल्कि देशसेवा के उद्‌देश्य से कीं। वे जहाँ भी गए, वहीं लोगों के बीच लोकप्रिय हो गए।

काका साहब ने गांधीजी के नीति-सिद्धांतों का जीवन भर अनुसरण किया। यदि वे चाहते तो आसानी से किसी भी बड़े पद पर सुशोभित हो सकते थे, लेकिन ऐसा करना उनकी प्रकृति व स्वभाव के अनुरूप नहीं था। जिस प्रकार गांधीजी ने कभी भी अपने जीवन में किसी भी प्रकार के पद को महत्ता नहीं दी, उसी प्रकार काका साहब ने किया। यह घटना उनके व्यक्तित्व की विशालता एवं उदारता का विशिष्ट प्रमाण है।

□

जीवन की अंतिम यात्रा

देश की स्वतंत्रता से पहले काका साहब ने केवल दो ही विदेशी यात्राएँ की थीं—एक, ब्रह्मदेश और दूसरी, श्रीलंका। जैसे ही देश ने स्वतंत्रता प्राप्त की तो उन्होंने सन् 1950 ई. में पूर्वी अफ्रीकी देशों की यात्रा कीं। इस यात्रा के दौरान उन्होंने अफ्रीका के प्राकृतिक मनोरम दृश्यों का आनंद उठाया। फिर 1952 ई. में वे यूरोप के दौरे पर गए, जहाँ उन्होंने स्विट्जरलैंड, जर्मनी, हॉलैंड व फ्रांस की यात्राएँ कीं। इसके बाद सन् 1954 में उन्होंने जापान की यात्रा की। प्रत्येक यात्रा उनके लिए सुखद अनुभव रही।

काका साहब के व्यक्तित्व को किसी एक साँचे में नहीं ढाला जा सकता। वे समाजसेवी, शिक्षाशास्त्री, पत्रकार और साहित्यकार जैसे कई रूपों में अपनी एक विशेष पहचान बना चुके थे। लिखना उनका प्रिय शौक था। वे अपने जीवन के अंतिम क्षणों तक लिखते रहे। जब उनकी आयु 84 वर्ष थी, तब उनकी लिखी हुई पुस्तक 'जीवन योग की साधना' प्रकाशित हुई। प्राचीनकाल से भारत की पहचान एक आध्यात्मिक देश के रूप में रही है। उनके जीवन में भी एक समय ऐसा आया, जब वे अध्यात्म की ओर उन्मुख हुए और आत्मा-परमात्मा के संबंध की खोज में जुट गए। इस बारे में उनके विचार इस प्रकार हैं—

"केवल आत्मदर्शन काम का नहीं, आत्मदर्शन युक्त जीवन-दर्शन ही महत्त्वपूर्ण है। वही सर्वश्रेष्ठ दर्शन है। आध्यात्मिकता को आखिरकार जीवन की ही सेवा करनी है।"

काका साहब उच्च कोटि के चिंतक थे। उनकी चिंतनात्मक पुस्तकों में 'परमसखा मृत्यु' अत्यंत महत्त्वपूर्ण पुस्तक है। इस पुस्तक में उन्होंने जीवन और मृत्यु के झोल का स्पष्टीकरण किया है। उनका मानना था कि मृत्यु के सान्निध्य में रहकर ही जीवन व्यतीत करना उत्कट जीवन है और उत्कट जीवन ही सच्चा जीवन है। इस बारे में उनके विचार इस प्रकार हैं—

"मनुष्य आत्मा और परमात्मा के बारे में निश्चित रूप से जाने या न जाने, लेकिन मनुष्य के पास इहलोक के हमारे जीवन के तीन तत्त्वों के बारे में स्पष्ट कल्पना होनी ही चाहिए और उसमें से निष्पन्न कर्तव्यों का निश्चित विचार भी उसे होना चाहिए। ये तीन तत्त्व हैं—जन्म, जीवन और मृत्यु।

जीवन खर्च करने के लिए। हम सत्कार्य और महत्त्वकार्य में जीवन का उपयोग न करें तो जीने में स्वाद ही क्या रहेगा। नासमझ प्राणियों को जीना नहीं आता, इसलिए प्रकृति ने उन्हें जीने का हौसला दिया है। जिसका स्वभाव प्राणिमात्र का शिकार करना है, वह मरण हमारे पीछे दौड़ता आए और हम शिकारी कुत्तों से डरे हुए खरगोश की तरह आगे-आगे दौड़ते रहें—यह मनुष्य की प्रतिष्ठा को कैसे शोभा दे सकता है ? मरण आने पर उसके स्वागत के लिए हमारे पास फूलों का हार तैयार होना चाहिए।"

काका साहब मराठी, गुजराती और हिंदी के अच्छे ज्ञाता थे और तीनों ही भाषाएँ उन्हें अत्यंत प्रिय थीं। इन तीनों भाषाओं में उन्होंने अनेक पुस्तकें लिखीं। जहाँ मराठी में उनकी 40 से अधिक पुस्तकें प्रकाशित हुईं, वहीं गुजराती में 50 से भी अधिक पुस्तकें प्रकाशित हुईं और हिंदी में लगभग 45। इस तरह काका साहब उन बिरले साहित्यकारों में से एक हैं, जिन्होंने एक साथ तीन भाषाओं में साहित्य-रचना की। काका साहब के बारे में एक रोचक तथ्य यह है कि वे अधिकांशत: अपने हाथों से नहीं लिखते थे, बल्कि किसी और से लिखवाते थे। इस बारे में उनका स्पष्टीकरण इस प्रकार है—

"मैं अपने खानगी पत्र भी अपने हाथ से नहीं लिखता तो लेख लिखने की बात ही क्या ? वास्तव में मैं लेखक ही नहीं हूँ, बल्कि मैं बालक हूँ और थोड़ा-बहुत शिक्षक हूँ। जब सामने बछड़ा खड़ा हो, तभी जैसे गाय मिहाती

है, वैसे ही कोई सुननेवाला हो तो मेरी त्वचा प्रस्फुरित होती है। अत: लेख लिखवाने के लिए मुझे एक लिखैया चाहिए। मैं लिखवाते समय उसकी ओर देखता हूँ और जो कुछ भी लिखवाता हूँ, वह उसे दिलचस्प लगता है या नहीं—यह जानने का प्रयास करता हूँ।

यदि मन में संदेह उत्पन्न हो कि एकाध बात या खूबी उसके ध्यान में नहीं आई तो मेरा लिखवाने का काम रुक जाता है और मैं उससे पूछता हूँ—क्या यह बात तुम्हारे ध्यान में आई? न आई हो तो उसे लिखवाना छोड़कर समझाने लगता हूँ। फिर उसके बाद ही आगे बढ़ता हूँ। कभी-कभी एकाध लिखैया ध्यानपूर्वक सुनता है और लिख लेता है, लेकिन लेख के रस में समरस नहीं होता है। उसकी शक्ल देखकर ही मुझे इस बात का पता चल जाता है। ऐसे निर्विकारी लिखैया के साथ मेरा निबाह नहीं होता।

संस्कार की भूमिका पर मुझे मनुष्य का सहवास न मिले तो मेरा लिखवाने का उत्साह धीमा पड़ जाता है। लिखवाने का कार्य छोड़ तो नहीं देता, लेकिन थोड़ा लिखवाकर मूक आह भर लेता हूँ। एक समय ऐसा था, जब मेरी इस आदत के कारण जैसे श्रोता लिखैया, वैसा ही लेख हो जाता था। यदि मेरा लेख प्राथमिक सा हुआ तो स्वामी आनंद तुरंत पूछ लेते थे। लिखनेवाला कौन था?

मेरे लिए लिखनेवालों की संख्या बहुत बड़ी है। ईश्वर की मुझ पर खास कृपा रही है। उसने मुझे एक-से-एक बढ़कर लिखैया दिए हैं। उनके संस्कारी सहवास का मुझे लाभ तो हुआ ही है, लेकिन उनका हस्ताक्षर भी मुझे प्रोत्साहन देनेवाला सिद्ध हुआ है। मेरा हस्ताक्षर इतना खराब है, लेकिन दूसरा कोई सुंदर अक्षरों में लिख देता है कि मेरे मन में उसके प्रति केवल कृतज्ञता के ही मनोभाव पैदा होते हैं।''

गांधीजी की मृत्यु के बाद देश भर में निराशा के बादल छा गए थे। अनेक योजनाएँ ठंडे बस्ते में पड़ी थीं। ऐसे में आचार्य विनोबा आगे आए। उन्होंने बड़े उत्साह से भूदान व ग्रामदान जैसी योजनाओं को सफलतापूर्वक अंजाम दिया। हालाँकि और भी अन्य कई महानुभाव थे, लेकिन देश में

स्फूर्ति लाने का कार्य आचार्य विनोबा ने ही किया। उनकी प्रतिभा से काका साहब भलीभाँति परिचित थे और काका साहब मानते थे कि आचार्य विनोबा ही गांधीजी के वास्तविक उत्तराधिकारी हैं। उनका संबंध वर्षों पुराना था और उन्होंने अनेक वर्ष साथ-साथ कार्य करते हुए बिताए थे। काका साहब के शब्दों में एक घटना का वर्णन इस प्रकार है—

''गरमी के दिन थे। हम अपने छात्रों को साथ लेकर पैदल ही आबू की यात्रा पर निकल गए। विनोबा को पैदलयात्रा का अच्छा-खासा अनुभव था। उन्होंने महाराष्ट्र में पैदलयात्रा करके शिवाजी के बहुत से किले देखे थे और मैंने तो हिमालय की हजारों मील की पैदलयात्रा की थी। इस यात्रा से लौटते समय हम छोटी लाइन के एक छोटे स्टेशन पर पहुँचे। हमने स्टेशन मास्टर से पूछा कि यहाँ से साबरमती स्टेशन कितनी दूर है? उसने अंतर तो बता दिया, लेकिन यह नहीं बताया कि अभी थोड़ी देर में इस रास्ते एक ट्रेन आनेवाली है।

हम चलने लगे। चलते-चलते एक रेलवे पुल के पास पहुँचे। इन छोटे पुलों में पैदल चलनेवालों के लिए बगल में रास्ता नहीं होता। रेल की पटरी के नीचे मिट्टी भी नहीं होती। कुछ फुट पर लकड़ी की पटरियाँ ही होती हैं। और एक पटरी से दूसरी पटरी पर पाँव रखकर ही जाना पड़ता है। हमने आधा पुल ही तय किया था कि तभी पीछे से ट्रेन की आवाज सुनाई दी। मुड़कर देखा तो कालपुरुष की तरह एक ट्रेन हमारा पीछा कर रही थी। मैं आगे-आगे था और विनोबा पीछे-पीछे।

ट्रेन को देखते ही मैंने विनोबा से कहा कि विनोबा भागो और इस तरह हम दोनों दौड़ने लगे। मैंने दौड़कर पुल पार किया और मैं बाईं और कूद पड़ा। विनोबा दौड़ रहे थे और ट्रेन उनके निकट भी आ गई थी। मेरी आँखों के सामने अँधेरा छा गया। मैंने तभी विनोबा से चिल्लाकर कहा, 'विनोबा! बाईं ओर कूदो।'

वे कूद गए और मैंने उन्हें बाहुपाश में ले लिया। विनोबा को कुछ भी दिखाई नहीं देता था। एक तो शाम का अँधेरा था और दूसरी बात यह कि

उनकी आँखें कमजोर थीं, लेकिन उन्होंने पटरियों की ताल पकड़ ली और जब मैंने कहा कि बाईं ओर कूदो तो वे कूद पड़े। ट्रेन धड़धड़ करती हुई चली गई।

दूसरे दिन मैंने बापूजी को यह किस्सा सुनाया और कहा कि गरमी के दिनों में महाराष्ट्र में नंगे पाँव यात्रा के कारण विनोबा की आँखें कमजोर हो गई हैं। फिर भी न तो चप्पल ही पहनते हैं और न चश्मा। आप इन्हें आदेश दीजिए, अन्यथा वे अनुभव से भी सुधरनेवाले नहीं हैं। बापूजी ने उनसे चर्चा भी नहीं की और आदेश दे दिया। बस, तभी से विनोबा चश्मा और चप्पल पहनने लगे। चश्मा पहनने के बाद वे मुझे कहने लगे कि अच्छा 'देखना' इसे कहते हैं। मुझे मालूम नहीं था।''

आचार्य विनोबा ने जब भूदान आंदोलन शुरू किया और उसमें अपेक्षित सफलता प्राप्त की तो लोगों को बड़ा आश्चर्य हुआ, लेकिन काका साहब के लिए यह कोई आश्चर्य की बात नहीं थी। वे आचार्य विनोबा की प्रतिभा से अच्छी तरह वाकिफ थे, लेकिन भूदान आंदोलन से पूर्व अधिकतर लोग आचार्य को घमंडी व्यक्ति के तौर पर देखते थे, पर बाद में लोगों की अवधारणा बदल गई। जब भूदान आंदोलन शुरू हुआ तो उस समय काका साहब ने अपने एक वक्तव्य में कहा था—

''भारत के इतिहास में विनोबा की भूदान-यात्रा, एक अत्यंत महत्त्वपूर्ण और आशापूर्ण घटना है। जब तेलंगाना की यात्रा में उन्हें भूमि मिली, तब चंद लोगों ने कहा कि साम्यवादियों के आतंक से त्रस्त हुए लोगों के सामने भूमि दिए बिना कोई चारा ही नहीं था। यदि ऐसा ही होता तो भी तेलंगाना के भूमिदान का महत्त्व कम नहीं होता। जहाँ रोग है, वहीं लोग दवा लेंगे। लोग कड़वी दवा लेने को तैयार हुए और लोगों को दवा देनेवाले सच्चे वैद्य मिल गए, यही बड़ी बात थी। अब तो उन्हें स्थान-स्थान पर भूमि मिल रही है, उससे सिद्ध होता है कि हिंदुस्तान में दैवी परिवर्तन या सात्त्विक क्रांति का वातावरण भगवान् अपने एक पवित्र भक्त के द्वारा पैदा कर रहे हैं।

सचमुच विनोबाजी की श्रद्धा और आस्तिकता महात्माजी की परंपरा

है। हमारे देश में ऐसे आस्तिक लोग समय-समय पर पैदा होते आए हैं, यह कोई अनहोनी बात नहीं है, लेकिन देश के सामान्य लोग ऐसे महानुभावों की बात सुनने को तैयार हो जाते हैं—यह बताता है कि भारत की जनता आस्तिक है।''

गोवा पुर्तगालियों के चंगुल में था। अत: उसे स्वतंत्र कराने के उद्देश्य से 1961 ई. में तत्कालीन प्रधानमंत्री जवाहरलाल नेहरू ने शस्त्रबल का प्रयोग कर गोवा को स्वतंत्र कराया। तब इस नीति की विदेशों में ही नहीं, स्वयं भारत में भी कड़ी आलोचना की गई। ऐसे में काका साहब आगे आए और उन्होंने जवाहरलाल नेहरू के समर्थन में कहा—

''जिस तरह से गांधीजी को मैंने समझा है, उसके अनुसार मेरे मन में जरा भी संदेह नहीं है कि जवाहरलालजी की लगभग चौदह साल तक चुप्पी और सहनशक्ति की गांधीजी भी सराहना करते और शस्त्र बल का प्रयोग करके रक्तपात के बिना गोवा को मुक्त करने के कृत्य को अपना हार्दिक आशीर्वाद भी देते। चौदह वर्ष तक पुर्तगाल ने हमारी बात नहीं सुनी। समझौते के सारे प्रयास ठुकरा दिए और हमारी नीति अहिंसा की है। इसी कारण पश्चिम के गोरे राष्ट्र हमारी फजीहत करने के लिए पुर्तगाल को मूक प्रश्रय देते रहे और जब कोई इलाज ही नहीं रहा, तब हमने शस्त्र का आश्रय लिया। शस्त्र का केवल प्रदर्शन किया और बिना रक्तपात के गोवा को मुक्त किया।''

काका साहब का विचार था कि हमें हर तरह से अपने देश की रक्षा-सुरक्षा की जिम्मेदारी उठानी चाहिए। उनका इशारा सीधे चीन की ओर था, जो बड़ी तेजी से प्रगति कर रहा था। उनका कहना था कि चीन प्रगति कर रहा है, यह अच्छी बात है। प्रत्येक देश को प्रगति करने का अधिकार है, लेकिन वहाँ की सरकार सैन्यवादी किस्म की है और सैन्यवाद में अधिक विश्वास रखती है। अत: भविष्य में चीन से हमें खतरा हो सकता है, इस बात से इनकार नहीं किया जा सकता। उनका कथन सत्य सिद्ध हुआ, जब 1962 ई. में चीन ने भारत पर हमला किया। जिस राष्ट्र को दोस्ती की निगाह से देखा जाता था, उसी ने दुश्मनी का परिचय दिया।

जैसे-जैसे आयु बढ़ती जा रही थी, काका साहब का शरीर जर्जर होता जा रहा था। उन्हें कमजोरी ने अपनी चपेट में ले लिया था। फिर भी वे चिंतामुक्त जीवन जीते रहे। वे अपने जीवन का सारतत्त्व स्पष्ट करते हुए कहा करते थे—

''मुझे बुढ़ापे की कभी चिंता नहीं हुई और ऐसी भी इच्छा कभी नहीं हुई कि शक्ति और सामर्थ्य बढ़े। इसकी भी मुझे कभी चिंता नहीं हुई कि शरीर और सभी इंद्रियों की शक्ति क्रम से घटेगी। बचपन में मनुष्य में कई शक्तियाँ नहीं होतीं। हाँ, वे बाद में आती हैं। हमें इसका दुःख कभी नहीं हुआ और प्रसन्नता से बचपन पूरा किया तो बुढ़ापे में कई शक्तियाँ क्षीण हो गईं तो इसका दुःख क्यों करें ?

बचपन में बचपन के रस का आनंद लिया और बड़े होते-होते बचपन की बातें बचपना कहकर छोड़ दीं और प्रौढ़ आयु में उसके योग्य प्रौढ़ महत्त्वाकांक्षाएँ आजमाईं। उनका भी अनुभव हुआ और कई बातें निस्सार सी दिखाई दीं। कई बातों का अनुभव मिलने से तृप्ति हुई और जीवन में अनुभव-समृद्धि की शांति फैली। जो पुरुषार्थ हमने शुरू किया, वही नए ढंग से और बड़े पैमाने पर औरों को चलाते देखते तो बहुत संतोष होता।

जेल-निवास के आहार के कारण दाँत जल्दी ही खराब हो गए। उन्हें निकलवाना पड़ा और उनका स्थान दत्तक दाँतों ने ले लिया और उन्हीं से काम चलाया। जब नजर कमजोर हुई तो चश्मा लगा लिया और कान की शक्ति कमजोर हुई तो सभा-समितियों में जाना कम कर लिया, जिससे शहर में रहते हुए भी मोटरों की कर्कश आवाज से बच गया—इसका मुझे बहुत संतोष हुआ। बाद में कान की सहायता के लिए एक कर्णिका आई। उसकी सेवा ली। जो बातें बुढ़ापे के कारण मुझसे अब नहीं होतीं, मैंने उनकी चिंता करना ही छोड़ दिया है।''

काका साहब को बढ़ती आयु के कारण एक और बीमारी ने घेर लिया था और वह बीमारी थी भूलने की। वे बातों को व चीजों को बड़ी तेजी से भूलने लगे थे। उन्होंने अखबार पढ़ना छोड़ दिया था। उन्हें नींद भी नहीं

आती थी। यदि निद्रावस्था में होते तो कुछ-न-कुछ बड़बड़ाते रहते थे। एक बार तो किसी ने बताया कि वे नींद में भी किसी को पढ़ा रहे थे। इस तरह उन्होंने पलटकर कहा कि वे जिंदगी भर शिक्षककार्य से जुड़े जो रहे हैं।

अगस्त 1981 के पहले हफ्ते में काका साहब को बुखार ने जकड़ लिया। दवाइयों का कोई असर नहीं हुआ और बुखार बढ़ता ही गया। 21 अगस्त को उनकी हालत स्थिर हो गई और वे सदैव के लिए चिरनिद्रा में लीन हो गए। गांधीजी के साथ कदम-से-कदम मिलाकर स्वतंत्रता की लड़ाई की यात्रा आरंभ करनेवाले काका साहब ने अपने जीवन की अंतिम यात्रा पूरी कर ली थी।

□□□